デジタルおしゃぶりを外せない子どもたち

ウッラ・デュアルーヴ
ナシエ・イラスト
枇谷玲子・訳

子ども時代
Barndom Books

Få styr på dit barns digitale verden
Introduction

はじめに

親は子どものデジタル世界と、どう向き合うべきか

この本の著者
スクール・カウンセラーをしています

ウッラ・デュアルーヴ

Ulla Dyrløv

1966年、グリーンランドで生まれ、小学２年生の時にデンマークに移り住む。転校後、異なる文化に適応するのに苦労したり、12歳の時に父親が癌になり、数年後に亡くなったことなどから精神的に不安定に。その時期に学校の先生から誤解されたり、耳を傾けてもらえなかったりした経験から、困難な状況にある子どもと対話し、子どもの視点から世界を見つめる大人になりたいと心に決める。

デンマークのテレビ番組『デジタル・メディアが家族を支配する時』に対し、教会＆メディア功労賞を授与される。

この本の執筆に当たり、Ｆａｃｅｂｏｏｋにこんな投稿をしてみました。

「お子さんがいらっしゃる方に質問です。お子さんのデジタル・ライフについて、疑問や悩みはありますか？ 具体的な内容も、よければお聞かせください」

するとものの数分で、コメント欄がこんな質問で埋め尽くされました。

子どもが携帯電話やゲームの画面を見てもよい時間を定めた方がいいのでしょうか？　もしそうなら、どの時間帯に、１日何時間まで見てよいことにすればよいですか？ 制限することで、弊害は生じるものなのでしょうか？

子どもたちが学童保育や課外活動で電子機器を使うことについて、保護者はどういう立場をとればいいのでしょう？　他の家庭と必ずしも意見を合わせる必要はないですよね？

デジタル世界は、子どもたちの社会性に長期的、短期的に、どう影響するのでしょうか？

犠牲者の見えづらいネットいじめを防ぐためには、オンライン・ゲーム上の人付き合いについて、どのような道徳的、倫理的ルールを定めるべきなのでしょう？

子どものプライバシーの尊重と、児童保護とのバランスをどんな風にとればいいのでしょう？　例えば、お友だちとのメッセージのやりとりを、親がチェックしてよいと思いますか？

世の中には、子どもたちの幸せを必ずしも願わない大人もいて、そういう大人がネット上で子どもになりすますこともあるということを、どう説明したらいいでしょう？ 説明次第で、大人への不信感を抱かせはしないでしょうか？

心理士の仕事をする中で私は、社会階層も、子どもの年齢も、住む地域も実に様々な親と対話してきました。その親たちは、皆共通して、**デジタル社会という荒波に、親も子も飲みこまれないようにするために、どうしたらいいか分からない**と悩んでいました。あなたが親として、子どもを教育するに当たり、科学技術の発展とどう向き合ったらよいか確信が持てないのも、無理はありません。この疑問に行き当たった親のほとんどが、分からずにいるのですから。そしてそれには十分な理由があります。世界中で巻き起こっているこの一大現象は、驚くことに、ほとんど認識されずにいるからです。また、発表されている調査結果が、利権に左右されていないとも言いきれないからです。

デジタル世界にまつわる問題は、絶えず複雑化が進み、それゆえ親がパイロット役を果たすのがますます難しくなってきています。**私自身は子どもが小さい頃、いくらせがまれても、ゲーム機を与えませんでした。**急いでいる時や、せっかくの家族団欒《だんらん》の場で、子どもたちがゲーム機を手放さなくなるのが嫌だったからです。現在では子どもたちの多くが、**学校の授業や家での宿題にタブレットを使わなくてはならなくなってきている**ので、電子機器の使用を禁じるのはかつてほど、容易でなくなってきています。なので、別の基準を設ける必要性が生じてきているのです。今の親はかつてない問題とジレンマに直面しているのです。**私たちの世代は、ＹｏｕＴｕｂｅやＮｅｔｆｌｉｘ、ソーシャル・メディアやゲーム、ネットいじめやリベンジ・ポルノについて、子どもたちのパイロット役を果たさなくてはならない初の世代なのです。**それでも、世間は子を持つ親に、どう振る舞うべきか、訳知り顔で、あれこれ指図してくるでしょう。「電源を切ってしまえばいいじゃないか」というのがよくあるアドバイスの１つですが、残念ながら、ことはそう単純ではありません。**デジタル世界についての保護者の知識が十分でないと、境界線《ボーダーライン》を定めるのも、自分がどうしてそのような決断を下したのか子どもに伝えるのも、難しい**でしょう。子どもと大人共通の家庭内ルールを定めるのはただでさえ難しいのに、科学技術の可能性と限界について、親が十分な知識を持ちあわせていないと、なおさらです。知識不足は、親の心に不安をもたらします。そしてその不安は、子どもたちにたちまち伝染し、さらに家族内に広がりかねません。不安は強烈な無力感へと変容し、家族皆が電子機器に際限なくアクセスしてしまうことになりかねません。ビーチや森、レストランや観光地に、子どもたちがタブレットを持っていくのをつい許してしまうでしょう。子どもたちが無制限にゲームをしたり、ブログやＹｏｕＴｕｂｅチャンネルに投稿してばかりいることで、現実世界での活動に支障が生じかねません。社会生活や学習、幸福や健康に、テクノロジーが長期的にどう影響するのか、子どもたちにはまだ分からないということを、忘れてはなりません。将来を見据え、長期的に考え、**子どもたちが健康的な環境で成長できるよう、正しい決断を下せるのは、大人だけ**であり、大人の責任で、決めなくてはならない事柄がいくつかあります。

　デジタル化が深刻な結果をもたらしうることは、否定しようがありません。影響は、すでに現れはじめています。心理士として私は、デジタル世界との関係性が完全に常軌を逸してしまっている子どもや家族を、たくさん目にしてきました。**睡眠障がい**を抱えていたり、**落ち着きがなく、集中力を欠いたり**した子どもと、毎日のように話をしてきました。子どもが**恐怖やストレス**を抱えているようだと親から相談されたり、**孤独**にさいなまれ、最終的には**不登校**になってしまった子どもたちの話を耳にしたりする機会も増えてきました。**ゲーム中毒**に陥り、自力で抜け出せなくなった子どもとも会ってきました。そのような子どもたちは、親を見つめ、こう言うのです。「何も好きこのんで、四六時中、画面の前に座っているわけじゃない。そうせずにいられないんだよ」私は**ネットいじめやリベンジ・ポルノ**のもたらす深刻な結果を、身をもって体験した人と、これまでたくさん出会ってきました。いじめはただでさえ深刻な問題ですが、それがデジタル世界に場所を移すと、ますます子どもたちを守りきれなくなります。**今の子どもたちは学校にいる時だけでなく、四六時中、数千、数万、いえ、さらに多くの会ったこともない人から、いじめを受けうる**のです。更衣室で知らない間に撮られた動画が突然、「見て見て、汚い背中！」というコメントとともに投稿されることもありえます。私は、こういった体験により、自尊心がすっかり傷つけられた子どもや若者に会ってきました。自分の姿を誰にも見られたくないと閉じこもり、恥の意識にさいなまれ、生きる意欲をも失ってしまった子たちに。自分の子どもがそのような侮辱をしたか、またはされたかに拘らず、親として、これらの問題に大なり小なり向き合う必要があります。

子どものデジタル・メディアの利用について知りたければ、何よりまず、子どもたちのデジタル世界の入り口が、タブレット・ゲームではないことを理解してください。子どもたちは、親や他の大人を観察

することで、デジタル世界をはじめて知るのです。**ヘッドセットをつけ、歩きながら、誰もいない方向に話している大人は、小さな子どもの目に、どう映るでしょう？ 親が1日に何度ものぞき込む画面について、子どもたちはどう思っているのでしょう？** 親が写りのよい写真を選ぶため、画面を真剣に見つめる姿を目にした子どもたちは、あれは自分よりずっと面白いものなんだ、と思うことでしょう。やがて子どもたちは、家庭という安全でプライベートな空間で繰り広げられていたとばかり思っていた物事が、実はもう何年も前から、ソーシャル・メディアで共有されていたことに気付くでしょう。**デジタル化により、家庭と外の世界の境界線《ボーダーライン》の多くは消失してしまった**のです。夜の家族団欒や休暇中や週末に、仕事のメールが携帯電話にポンと入ったり、学校との連絡アプリに、宿題や学校内であった喧嘩の情報が送られてきたり。

今の子どもは、インターネットやタブレットやテレビ・オンデマンドがなかった時代を知りません。私は最近、88歳の老人が、10~12歳の子ども20人と博物館で出合った時の話を聞いたばかりです。老人が「普段、何をして遊んでいるんだい？」と尋ねると、子どもたちは、「いつも**タブレットばかり見ていて、それ以外ではほとんど遊ばない」と答えたそうです。その老人が、子どもだった頃にどんな生活を送り、どんな遊びをしていたのか話すと、子どもたちは興味津々**。昔の子どもがどんな暮らしを送っていたのかその時はじめて知ったようだったと老人は言っていました。**「テレビもタブレットも携帯電話もコンピュータもなかった時代の子どもは、一体、何をして過ごしていたの？**」子どもたちはほんのささいな物事にも興味を示すものです。大人が説教じみた退屈な話をせず、自分たちとともにくつろぎ、いっしょに世界を知ろうとする限り、いっしょにいたいと願ってくれるでしょう。

1日に2〜3時間、インターネットを切ることで、皆さんの無力感や多くのジレンマがなくなればよいのですが、きっとそれだけでは解決策として十分ではないでしょう。デジタル化がもたらした、目に見えない変化とともに生きるため、**まずはお子さんにデジタル世界について教えましょう**。これには、子どもといっしょの時間を過ごす必要があり、インターネットを切るよりも骨が折れます。この世の中には、親子で楽しめる豊かなアクティビティがたくさんあるのに、あなたは見逃してしまっていませんか？ あなたが**親として子どもと過ごす時間を確保し、あなたの子どものデジタル・ライフに関心と好奇心を示し、子どもに寄り添う**ことが必要なのです。

デジタル世界とそれに伴う行動、しつけについて指針が築かれる前に、インターネットが使われるようになってしまいました。私はあなたが**親としてあなたのお子さんのデジタル世界とどう向き合うべきか**、具体的なアドバイスを示したいと思っています。**デジタル世界に向き合うのは、子ども1人でなく、親子でなのです。**

目次 CONTENTS

はじめに　親は子どものデジタル世界と、どう向き合うべきか …… 3

第1章 Chapter 1

子どものデジタル世界に親も参加しよう …… 19

子どもに寄り添おう …… 20
子どもからデジタル世界に招かれたら、誘いに喜んで応じよう …… 22
何度もデジタル世界への誘いを断ったら …… 26
監視《カンシ》するのでなく、関心《カンシん》を示そう …… 29
親が子どもに面白いゲームや動画などを薦める …… 30
デジタルの世界でいっしょにいよう …… 32
いっしょに賢くなろう …… 33
学びとしつけ …… 35
子どもの自立を助けよう …… 37
批判的になろう——目の前の物事に集中するよう教えましょう …… 38

第2章

Chapter 2

デジタル世界と家庭 43
くつろぐだけじゃ駄目なの？ 45
デジタルおしゃぶり 47
家庭内での議論 51
喧嘩は子どもの成長に必要 51
子どもが何をしてよくて、何をしてはならないのか、分かりやすく示しましょう 53
心の準備ができていることで、諍《いさか》いを防げる 56
諍いにどう対処するか？ 60
電子機器の使用時間――どの時間帯に、何時間ぐらいまで？ 63
朝 65
放課後 67
夕食中 70
寝る前 71
移動中 72
よいお手本になろう 74
責任をとろう 76

第3章
Chapter 3

デジタル世界の幼い子どもたち …… 81

バーチャルな遊びと体を使った遊び …… 83
知覚と運動 …… 84
フラストレーションと成功体験 …… 87
画面は遊びや学びを阻害しうる …… 89
子どもは退屈する必要がある …… 91
娯楽と欲求 …… 92
子どもが自分で楽しむ力を育む …… 94
1人の時間を持つことで、子どもは自信と安心感を持てる …… 97
電子機器を使いすぎると不眠になる …… 100
子どもは協力することで成長する …… 103
表情の意味 …… 104
子どもといっしょにいる時、携帯電話を手元に置くのはやめましょう …… 107
社会性を育む …… 109
読み聞かせ、オーディオ・ブック、電子書籍 …… 111
言葉の発達を促すアプリ? …… 111
子どもの心に寄り添うことと安心感 …… 113

親子共通の話題 115
オーディオ・ブックをうまく活用しよう 117
電子機器の推奨使用年齢 119
タブレット 119
携帯電話 120
ソーシャル・メディア 123
ゲーム 124

第4章
Chapter 4

子どもはインターネットで何を見ている? 127
大量のエンターテインメントを無限に楽しめる 128
ブロガーとYouTuber 131
メリットとデメリットを知る 132
Google 133
YouTube 136
Wikipedia 137
ニュース 138

ニュースを怖いと思っている子はたくさんいる 139
子どもの目線でニュースについて話す 142
フェイク・ニュース 145
不快な内容 146
クローズドなグループと匿名のホームページ 147
ホラー 148
ポルノ 151
7～12歳の子ども 154
13歳以上の子ども 157
オンライン・グループ 160
バーチャルの友情とオフラインの友情 160
誤解と諍い 164
社会性に困難を抱える子ども 169

第5章
Chapter 5

子どもがゲームをしたがる理由を知ろう 173
子どもはゲームにどう影響される？ 175

価値、倫理、道徳 …… 176
集中力と学び …… 179
ストレス …… 183
ゲーム中毒 …… 188
身体的依存 …… 190
社会的依存 …… 193
心配する理由はありますか？ …… 195
ゲーム利用のルールを定めましょう …… 197
プレイ時間 …… 199
平日 …… 199
週末 …… 202
長期休み …… 204
物理的なルール …… 208
年齢制限 …… 211
ルールや基本方針について意見が合わない時 …… 216
親同士で意見が合わない時 …… 216
再婚家庭 …… 219
友だちの親 …… 221

学童……222
新しいルールを子どもにどう伝えるか……223
すでにお子さんのゲーム利用が常軌を逸してしまっている場合……227
責任をとろう……228
関心を示しましょう……230
ゲーム機を子ども部屋に置くのは、やめましょう……233
eスポーツのプロ……237
eスポーツ……238
オンライン・ゲームでの役割……240
フォロワーが大勢いるプレイヤー……242

第6章

Chapter 6

ソーシャル・メディアと上手に付き合おう……247
子どもがSNSのアカウントを開設したいと言い出したら……249
ソーシャル・メディアで親はどう振る舞うべきか……251
ソーシャル・メディアは繋がりを断つメディア？……253
インターネットを皆で休もう……256
親は立ち入れない世界……258

ネットいじめ 263
同調圧力 267
リベンジ・ポルノ 269
うちの子がリベンジ・ポルノに関わっている 270
うちの子がリベンジ・ポルノの被害者に 272
際限なくシェアする 274
スポットライトが子ども部屋にまで当たる時 277

終わりに

子どもともっといっしょにいよう 281
デジタル世界では子どもの〝アンテナ〟が発達する 285
私たちは子どもが生きづらい社会を作ってしまった 287
子どもではなく、私たち大人の責任 291

参考文献 295

Få styr på dit barns digitale verden

Chapter
1

第 1 章

子どものデジタル世界に親も参加しよう

この章に書かれていること

- □ 子どものことを知りましょう。
- □ 子どもの心に寄り添いましょう。
- □ 監視《カンシ》するのでなく、関心《カンシん》を示しましょう。
- □ 子どものプライバシーを尊重しましょう。
- □ デジタル世界に親子いっしょに向き合いましょう。
- □ 子どもが自分でできるようになるまで、サポートしましょう。
- □ デジタルの世界に時に批判的になりましょう。そして子どもにもそう教えましょう。

お子さんにぴったりの境界線《ボーダーライン》を定めるには、親であるあなたが、お子さんについて知ることが必要ということは、いくら強調してもしすぎることはありません。私はこれまで、「お子さんはあなたといっしょに何をするのが好きですか？」という質問に答えられない親を、驚くほどたくさん見てきました。答えに詰まった親たちは、少し動揺した様子で笑い、何も思いつかなかったことを恥じるのです。私がそのような親御さんに、子どもたちの答えを伝えると、しばしば驚かれます。子どもたちの多くは、野外で遊んだり、ふざけたり、クリエイティブなことをしたり、ボードゲームをしたり、映画を見たり、親といっしょに食事をしたりするのが好き（ただし、学校でのことをあれこれ詮索されたり、退屈な仕事の話を聞かされたりしないのであれば）と答えたからです。

子どもに寄り添おう

今の親はかつてないほど、子どもに手をかけています。スポーツ・チームの練習の送り迎えをしたり、子どものために食事会を開いたり、旅行に連れて行ったり。かつてより親業にいそしんでいますが、それでも多くの子どもたちが、親ともっと緊密な関係を築きたいと言います。そういう子は親と真にいっしょにいたいと切に願っています。よくよく話を聞いてみると、子どもたちは親といっしょにボードゲームをしたり、食事を作ったり、犬の散歩をしたり、何もせずにくつろいだりしたいようなのです。子どもたちは親がずっとＦａｃｅｂｏｏｋなどのＳＮＳを眺めたり、投稿したり、仕事のメールをチェック

してばかりいたりするので、いっしょにいても、いっしょにいないように感じると言います。子どもたちはそう言葉で言い表すことはありませんが、**親が物理的にいっしょにいても、心はどこかに行ってしまっている**と感じているのが、子どもたちのつたない言葉から読み取れます。

知って
いますか？

8～15歳の子どものいる親の4人に3人が、子どもといっしょにいる時も、メールを読んだり、ニュースを見たり、ソーシャル・メディアで人々の動向を追ったりしていることが、「YouGov」という団体が、メディア協会発行の『子どもと若者』（Børn og Unge）誌面上で行った調査で分かりました。

この調査に参加したスマートフォンを持つ親およそ1000人のうち、**子どもと公園などの遊び場にいる時や、子どもと夕飯を食べている時、スマートフォンのカメラ機能を時々、または頻繁に使う親は、70％強**もいました。（出典：ベアリングス紙、2017年2月21日）

子どもたちが毎日、画面の前で何時間も費やしていることに、多くの親がフラストレーションを覚えるのと同じく、**親や他の大人が始終、画面を見ていることに、子どもたちも苛立っている**ようです。な

にも親が子どもたちの目を常に見、子どもに全ての注意を傾けるべきと言っているのではありません。ですが、子どもたちの成長における、ささいだけれど、かけがえのないたくさんの瞬間を、親は画面ばかりのぞき込んで、見ようともしないと、お子さんに思われていませんか？　親としてあなたは、**子どもといるのが楽しいと示さなくてはなりませんし、子どもがあなたに何かを見せよう、話そうとしている時、歩み寄り、関心を示さなくてはなりません。**

知っていますか？

アメリカの最近の調査で、10～17歳の子どものいる249の家族を対象に、「テクノロジーの利用について、家庭内でどんなルールを定めていますか？　またはどんなルールを定めるべきと思いますか？」という質問がされました。研究者はさらに子どもたちに、「電子機器の利用について、大人にどんなルールに従ってほしいと思いますか？」と尋ねました。多かった答えの1つは、「話しかけている時、親は携帯電話を置くなどして、もっと自分に寄り添ってほしい」というものでした。（出典：Hiniker他、2016年）

子どもからデジタル世界に招かれたら、誘いに喜んで応じよう

親が子どもに関心を示すことが大事です。**子どもたちがデジタル・メディアでしていることについて、ちんぷんかんぷんだからといって、知らん顔をするのはやめましょう。お子さんがあなたに何か伝えようとしたら、**そのボールを素早くキャッチし、**耳を傾けましょう。**子どもがなぜ特定のことに興味をそ

そられているのか、好奇心、関心を持ち、聞いてあげましょう。お子さんを喜ばせられるだけでなく、あなた自身も、子どものデジタル・ライフについて知る絶好の機会をつかむことができるのです。

子どものデジタル・ライフに心の底から関心を示そう

あなたが心から関心を示せば、大半の子どもは、あなたを評価してくれるはずです。ですが子どもたちはあれこれ指示されたり、上から目線で詮索されたりするのを好みません。**お子さんが何に取り組んでいるのか、好奇心旺盛かつ寛容に、偏見を交えず尋ねましょう。**そうすることで、お子さんがネットをはじめデジタル画面を何にどう使っているか把握し、安全を確保し、孤立を防ぐことができるでしょう。

小さな子どもは皆、自分たちがしていることに、親も関わってほしいと願うものです。間違ったことをした時、親に間違っていると指摘してもらい、代わりに何をするのが正しいか言ってほしいのと同じぐらい、子どもたちには**親から認められたい**と求める本能が生まれつき備わっています。子どもが親からの承認を得ようとする時、たくさんの素晴らしく、重要な物事が起きる可能性があります。「見て、こんなことができるんだよ」「見て、こんなことをしたんだよ」などと子どもが言うのは、単に見せびらかすことだけが目的ではなく、間接的な質問をしたいからでもあるのです。そして子どもたちからの質問に、親は遊びを続けさせるか、軌道修正するかによって、答えることができるのです。自分の遊びにあなたの注意を向けさせようとする時、子どもは何をしなくてはならないのか、物事をどうするのが正しいのかを探っているのです。子どもはあなたの反応から、例えばソファの上でジャンプしてよいのか、クッションに穴を開けるのまでは許されても、壁に穴を開けるのは許されないのかなどを見極めるのです。自分がしていることを親に認められたい、正してほしいという子どもの欲求は、画面の陰に〝隠れた〟物事にも当てはまります。なので、あなたが親として、子どもがデジタル・メディアをどのように利用しているか把握し、関心を示すことが大切です。子どもたちは今、自分が夢中になっているデジタル・メディアについて、とても詳しく話したがるでしょう。中には、最近見た映画のことを、鑑賞時間と同じぐらいの時間、話せる子もいます。子どもがタブレットや携帯電話やコンピュータを使いはじめた1年目は、親はそれらの操作の仕方を教えなくてはならないので、関わらざるをえないでしょう。

今の子は幼稚園児でも、映画を再生したり、アプリをクリックして起動したり、単純なゲームで遊んだりできます。子どもたちを画面があやしてくれている間に、親は例えば家事や雑務ができて、大助かりでしょう。ですが、ここにはある危険が潜んでいます。それは子どもたちがそばで共感してくれる誰かを求めている時に、親がデジタル・メディアをある種のデジタルおしゃぶり、またはベビーシッターとして用いてしまうことです。やがて子どもたちが大きくなると、より複雑なアプリやゲームに時間を費やすようになるでしょう。同時にその頃に一部の親は、子どもたちがしていることに、きちんと参加し、把握しようという意欲を失いがちです。このような時間が長く続けば続くほど、親は子どものデジタル世界から次第に遠ざかり、気付くと、すっかり隔絶されてしまっていることでしょう。その頃には、子どもたちはデジタル・メディアでの活動に、親を引き入れるのは難しいと感じるようになるでしょう。またはどうしてそんなことをしなくちゃいけないんだろう、と思うようになるかもしれません。何年も関心を示さなかったのは、親の方なのに、と。

臨床の事例

Clinical case

タブレットをしている時の子どもの気持ち

私は最近、**学童から家に帰ってきてから毎日、平均3～4時間、タブレットを使っている8歳の女の子**と会いました。私はその子に、様々な事柄について抱く感情を、円グラフで表すよう頼みました。すると、**母親と絵を描いたり、工作をしたりしている時や、父親と体を動かす遊びをする時、「すごくうれしい」という感情を抱くのに対し、タブレットを使っている時は、退屈や不安や怒りを感じている**ことが分かりました。怒りは、オンライン・ゲームをしていて、他のプレイヤーが英語で話をしていて、何をしゃべっているのか分からず、仲間にうまく入れずにゲームについていけない時に感じるようでした。娘がタブレットを使っている時、リラックスして、楽しんでいるものとばかり思っていた両親は、円グラフを見て、とても驚いていました。

お子さんのデジタル世界に手招きされたら、「ありがとう」と受け入れましょう。お子さんが、「この

アプリでこんなことができるんだよ」とか「やった、すごく難しいステージをクリアできた」と言ってくるのは、あなたを招き入れようとしている、またはあなたに認められたいか、正してもらおうとしているからなのです。ですが**多くの親は、子どものデジタル・メディアの利用に、最低限しか関わろうとしません**。ともに協力関係を築こうという子どもたちの働きかけに応じ、自分からも積極的に働きかけることで、親は子どものデジタル・メディア利用により影響を及ぼせるようになるのに。

えこひいきしていませんか？

一部の親は、何とはなしに、**きょうだいのうち1人の子の関心を、他の子の関心よりも尊重しがちです**。例えば、お兄ちゃんの趣味のスポーツについては詳しく聞こうとするのに、妹のゲームの話には耳を貸そうとしないとか。この時、妹は、兄に比べ、自分には価値がないんだと感じる危険性があります。すると部屋に1人、閉じこもるようになるかもしれません。

何度もデジタル世界への誘いを断ったら

あなたがお子さんのデジタル世界に参加していないのなら、お子さんは孤立への道をたどりはじめているかもしれません。お子さんはあなたをデジタル世界に引き込むのをあきらめた時点で、あなたに自分の関心事について、詳細に話すのをやめてしまったことでしょう。そこから2年も経ってから、あなたが急に、**お子さんに色々なことを自分に話してほしいと期待したり、求めたりするのはお門違《かどちが》いです。**この時には、あなたのお子さんは、あなたをデジタル世界に引き込むのは難しいと感じ、お手上げ状態になっていることでしょう。**あなたをデジタル世界に招き入れようとする時間と労力がもったいないとお子さんに思わせたのは、ある意味、あなた自身なのです。**

デジタル・メディアに関する議論がこんがらがる時

自分たちが理解不能なものに子どもたちがたくさんの時間を費やしはじめて何年も経ってから、どうにかしなくてはと慌てはじめる親もいます。そういう親は、ある日突然、子ども部屋の扉の前で、厳しく毅然とした口調で、こう言うのです。「あなたが何にそんなにたくさんの時間を費やしているか知りたいの。いつも画面をのぞき込んで、一体、何をしているの?」すると子どもたちはこんな正論を返してくるでしょう。「今はとにかく、お父さん、お母さんを仲間に入れるのは無理なの。私が説明しようとした時、耳を傾けてくれなかったじゃない。今更、もう遅いよ」こんな風に、自分の考えを言葉で表現できる子はむしろ珍しく、大半の子は、こう言うものです。「どうしてわざわざ説明しなくちゃいけないの? どうせ分かりはしないのに」**多くの親は、デジタル・メディアを禁止するのは無理だと無力感を覚え、インターネットを切ってしまいます。すると、子どもたちは無視され、誤解されたと感じ、憤るでしょう。**コンセントを抜いたところで、問題が解決するわけではなく、親子の距離が広がるだけです。これは親が望む結果ではないでしょう。

すでに何年も無関心でいた場合は、どうしたらよいのでしょう？　あなたは子どもが1日に何時間も画面をのぞき込んで過ごすことを、すっかりあきらめて許すわけにはいきませんが、デジタル・メディアを完全に禁止し、ネットを切るわけにもいきません。どちらの対応も、無力感の表れであると、お子さんに見透かされてしまうでしょう。**あなたがするべきなのは、お子さんと真にいっしょの時を過ごすことです。何度拒まれようと、本気で向き合いたいのだという意思を示しましょう。**

ネットを切り、部屋から出てくるようお子さんに命令する代わりに、**あなたの方がお子さんの部屋に行くとよいでしょう。子ども部屋の扉は大半の時間、開けておく**ようにし、時々、ヘルシーなおやつや紅茶や冷たい水を持っていってあげるようにしましょう。**カーテンを開け、部屋に空気の抜け道を作り、お子さんが光を浴び、新鮮な空気を吸えるようにしましょう。**あなたのお子さんは、あなたのことを少しいぶかしそうに見つめ、「突然、どうしたの？」と聞いてくるでしょう。そうしたらあなたは、こう答えればよいのです。「そのままゲームしてていいよ。**あなたとただいっしょにいたいだけ**だから」何かするよう求めているわけでも、苛立たせているわけでもないのですから、お子さんをそれで怒らせることはないでしょう。あなたはただお子さんのそばにいたいだけ。寄り添われて嫌な気がする子は、あまりいないでしょう。これを数日続ければ、お子さんは必ずや心を開き、画面上で何が起きているか話してくれるでしょう――ひょっとしたらお友だちや学校の悩みも、打ち明けてくれるかもしれませんよ。

監視《カンシ》するのでなく、関心《カンシン》を示そう

「子どものプライバシーを尊重しつつ、子どもがデジタル画面でしていることに関心を示すには、どうしたらいいのでしょう?」と保護者からよく質問されます。あなたは**親として、子どもの生活に関心を示し、あなたのお子さんが取り組んでいることに、いっしょに向き合うべき**です。しかし同時に、**お子さんが1人でいられて、親が立ち入らないプライベートな空間を確保する**必要もあります。お子さんに自身が他人に立ち入ってほしくない境界線《ボーダーライン》を知ると同時に、他者を尊重するよう教えるのは、親であるあなたの責任です。そして、それには、あなたがよいお手本となることが、一番の近道です。**お子さんにあなたの携帯電話のメッセージを開けたり、写真を見たりしてはいけないと教えましょう**。例えば、「私の携帯電話はプライベートなものだから、携帯電話の中身をあなたが全部見ていいとは限らないのよ。私もあなたのメッセージを読んだり、あなたの写真を勝手に見ることはできないの」などと伝えましょう。一部の親は、お子さんの携帯電話を見たり、ソーシャル・メディアのお子さんのアカウントにログインして、どんなメッセージを交換しているのかや、プライベートなグループで起きていることをチェックしているようですが、これは感心しません。プライベートなメッセージをのぞいてしまうと、親子の信頼が崩れかねません。そしてあなたが他人のプライベートなメッセージをのぞくのを見たお子さんは、自分もそうしていいんだと思い、同じクラスの子にも同じことをしかねません。

ただし、1つ例外があります。**子どもが自分自身や他人を傷つける恐れがある時は、介入するよう強**

く**お勧めします**。

子どもには、ドアを閉め、1人で部屋にいる時間が時に必要です。この際、**1つ、ルールを設けましょう**。例えば、**ドアを閉めきってゲームをしてはいけない**、とか。部屋が閉まっている時に、ルールを破り、ゲームをしている音が聞こえたら、あなたはドアを開けてよいことにしましょう。お子さんが部屋に長いこと1人でいたら、あなたはドアをノックし、こう言ってよいでしょう。「あと15分したら、ドアを開けるよ」こうすることで、あなたは、お子さんがずっとドアを閉めっぱなしで、1人で部屋に籠もらないよう気遣いながらも、お子さんのプライバシーを保つことができます。

親が子どもに面白いゲームや動画などを薦める

監視している、管理されていると子どもに思わせずに、関心を示すには、**親から子どもに面白いコンテンツを薦める**という形をとるとよいです。あなたはお子さんといっしょに、例えばNetflixやSpotify、YouTubeといった各種ストリーミング・サービスや、SteamやPlayStationストアやMicrosoftストアといったオンライン・ショップを探すことができます。図書館に行って、お子さんが好きそうで、親子共通の関心事になりそうなゲームや本、漫画を探してもよいでしょう。ここであなたは、親子共通の関心事を探す手助けをお子さんから得ることもできます。お子さんは、自分の趣味にあなたが関心を示そうとしていると、喜ぶに違いありません。またあなたが何かいっしょに読んだり、見たり、プレイしたりしようと提案すれば、ほぼ間違いなく、誘いに応じてくれるでしょう。

まだ幼い子どもが自分でゲームやアプリを見付けたり、ダウンロードしたり、音楽や本、映画や漫画を検索できたりしたとしても、それは大抵、コンピュータから今、最も人気な商品を薦められてクリックしたにすぎません。あなたのお子さんが自然とビートルズやハリー・ポッター、タンタン、ライオン・キングといった子どもに紹介する価値のあるものに、放っておいても行き当たるなんてことはまずありえません。**世の中にはクリエイティブで賢い人たちにより開発されたゲームもたくさんあります。**ゲームについて知らない人には、まるで異世界の話のように思えるかもしれませんが、**大半の子どもは、親からゲームを薦められるのをうれしく思う**ものなのです。

デジタルの世界でいっしょにいよう

お子さんがデジタルの世界に没頭している時、実に多くの親が、お子さんを1人にさせています。これにはいくつか理由があります。

1. **多くの親が画面の上で起こっていることに関心がないから。**
2. **画面が小さすぎて、親子でいっしょに見るのが難しいから。**
3. **ドアが閉じられた子ども部屋に、デジタル・メディアが置かれているから。**
4. 親が別のことをしている間に、子どもをあやしたり、関心をそらしたりするための、**一種の〝おしゃぶり〟としてデジタル・メディアが用いられているから。**

これらの理由は親が子どもを何時間も放っておいて、画面を1人で見るのを許す言い訳にはなりません。たとえ退屈でも、**親は子どもが夢中になっていることに関心を持たなくてはなりません。**

もしもあなたが、物理的に画面を見ることができない（画面が小さすぎるとか、子ども部屋に画面があるなどの理由で）と言い訳するなら、親はただいっしょに見るだけでなく、**子どもがしていることに好奇心を持ち、質問することで、子どもに寄り添うことができる**ということを心に留めてみてください。

他にお勧めなのは、ノートパソコンを子ども部屋に持っていかせるのでなく、**デスクトップのパソコンを日当たりがよく、人の行き来の多い部屋に置く**ことです。最後に、覚えておいてほしいのは、**デジタル・メディアは親からの注目や思いやりの代わりにはならない**ということです。画面を家族の諍《いさか》いを避けるために用いるのは、もってのほかです。

いっしょに賢くなろう

何か調べる時、子どもと大人とではアプローチの仕方が異なります。**子どもが好奇心旺盛で何でも試してみるのに対し、大人は概して、目的に一直線に進みがちです**。大人は世界を理解し、この世界で生きていくのに用いられる経験や法則を、過去の体験から多く身につけてきました。例えば、動物園には、日常で見ることができない様々な珍しい動物がいるということを大人は経験から知っています。なので、せっかく動物園に来たのに、どこにでもいるスズメや水たまりにばかり子どもが関心を持つのを見て、やきもきしてしまうでしょう。**子どもは大人のように世の中についての知識や経験を持ちません。なので子どもは、大人の目には〝間違って〟見えることを、しばしばしてしまう**のです——例えばサラミにジャムをのせて食べようとしたり、絵を描く時に輪郭を描かなかったり。ですが、子どもがこれらの事柄を試すのを許さない理由などあるのでしょうか？　私はあるとは思いません。あなたのお子さんがあなたがちょっと変だと思うことを試そうとした時、**アイディアを認め、子どもが試し、実験するのを**

許すことが大切です。子どもの学びのプロセスをサポートすることで、子どもの自尊心と、様々な物事を試す勇気を育むことができるのです。同時に**この学びのプロセスは、親子の時間にもなります。**サラミとジャムをいっしょに食べるとおいしいということを否定する代わりに、あなたはこう言えるでしょう。「私は一度もそういう食べ方をしたことがないけれど、おいしいかどうか実験してみましょうよ」こうして**あなたもまた学ぶチャンスを得ることができる**のです。

好奇心を持つこと、何でも否定せず試してみることは、デジタルの世界でも大切です。タブレットやコンピュータを使うことで、実に多くを学ぶことができます。子どもたちの学びをサポートできるのは、親の特権です。子どもに学習ゲームばかりさせろと言っているわけではありませんよ。写真を撮ったり、撮った写真を加工したり、お絵かきソフトを試したり、様々なアプリなどを見付けてダウンロードしたりするのにも、たくさんの学びがあります。インターネットは子どもたちが世の中に対して抱く様々な疑問に対する答えを見付け出す、素晴らしい道具です。例えばお子さんから「どうして雲は白いの？」と聞かれたあなたは、そのボールを受け止め、こう答えることで、子ど

もをさらなる探求の世界へと導くことができるのです。「さあ。でもいっしょに答えを見付けてみようか？」こうしてあなたは、**子どもが抱いた疑問を、探求遊びに変える**ことができるのです。さらにあなたは情報収集のために、インターネットをどう使えるかも示せます。つまりあなたはお子さんのデジタル世界への関心やクリエイティビティを養うサポートができるのです。

学びとしつけ

子どもたちは物事を調べたり、アイディアを試したり、1人で、または他の人と遊んだりすることで、多くのことを学びます。子どもたちは好奇心旺盛で、口に物を入れたり、滑り台を滑ったり、ストッキングを頭にかぶったり、ブロックの塔を倒したりするようなエネルギーに溢れています。学びたいという意欲は、子どもたち自身から湧き出てくるもので、目的を達成するためのものではないと言えます。

一方、しつけは、他の誰かが例えば衛生や交通ルールなど特別な事柄を子どもたちに教えるものです。どちらも子どもの成長にとって大事です。子どもたちが自ら経験し、発見するのも大事ですが、**他者の経験から学ぶことも大事**です（例えば、毒のあるものを食べないようにするとか、虫歯ができないようにするとか）。

子どもが決めるか、大人が決めるか

子どもが自分で決めるべき事柄もあれば、親が決めるべき事柄もあります。子どもが何を考え、何を好み、何を信じるかは、子ども自身が試し、経験し、考えた方がよいでしょう。例えばどの色と色が合うか、どの食べものをいっしょに食べるとおいしいのか、どのおもちゃでどう遊ぶかなどは、子ども自身が決めた方がよいでしょう。逆に長く眠らなくてはならないとか、歯を磨かなくてはならないとか、雨の日にレインコートを着なくてはならないとか、お菓子やチョコレートばかり食べてはいけないとかいった**知識や経験に左右される事柄については、大人が決定権を持つべきです。**後者の場合、あなたが落ち着いて、威厳をもって、議論の余地がないと示すことが大切です。あなたのお子さんはその決断をどちらにしろ理解し、認めざるをえません。

大人になった後、生き抜くため、何をできるようにならなくてはならないのか、子どもたちに教えるのは親の責任です。ですが、子どもが子どもらしくいることや、たくさんふざけたり、癇癪《かんしゃく》を起こすことは、許容するべきです。健康的な成長は、効率化できません——それには時間と親の寛容さを要します。子どもが安心して自らのエネルギーを成長に費やせるよう、**親は子どものパイロットになるべきです。**そしてパイロットであるべき期間は、実は親が想像するよりも長いのです。

子どもの自立を助けよう

親の基本的な務めは、子どもが大人になった時、自立した生活を送れるようになるサポートをすることです。もしもあなたが子どもに何も課題を与えなければ、子どもたちは、自立した大人になるために必要な物事を学ぶことはできないでしょう。

人間は生き延びるため、社会の群れに属することを必要とする社会的な動物です。私たち人間は何もできない状態で生まれてくるほ乳類であり、長期間の親の庇護《ひご》なくしては生きられません。小さな子どもはアイコンタクトを求めることで、親から好かれ、面倒を見てもらおうとします。そして少し大きくなると、自分1人で何でもできるようになるよう学ぼうとします。同時に、**人間は皆、群れの中に自分の居場所があること、群れの人々の生存を自分も助けているんだ、という実感を持つことが必要です。**小さな子どもは、鍋の中身をかき混ぜたり、おむつをゴミバケツに捨てたり、食事の時に食器を並べるのを手伝ったりとお手伝いができると、とても誇らしくなります。大きくなれば、学校に1人で行き、帰ってこられるようになるでしょう。

あなたが他に、お子さんにするよう促せる活動に、パーティーの招待状作りがあります。グラフィック・ソフトの使い方、イラストの編集の仕方、イラストや写真の入れ方、テキストボックスの入れ方、フォントの変え方などを教えましょう。これは、何時間も楽しめる親子のアクティビティになりえますし、お子さんにとっても、暴力的なゲームやアプリに時間を費やすより、画面の上でクリエイティブな活動に没頭する方がずっとよいでしょう。家族や友だちから、「招待状が届いたよ」と言われると、お子さんは誇らしさと喜びを感じることでしょう。

お子さんがどこまでできて、どこからがまだできないのか、また難しいのか、親が把握することが大事です。把握することで、お子さんのモチベーションを保てますし、成功体験へと導いてやれるからです。**課題を解決するまで、あなたは静観し、助けを求められた時だけ、手を貸すようにしましょう。**こうしてお子さんが課題を解決するため、必死に努力する姿を見守ることができるでしょう。

批判的になろう——目の前の物事に集中するよう教えましょう

お子さんがスロットマシーンに日に何時間も興じていたら、あなたはどう思いますか？　そんなことありえないと思うかもしれませんが、**私たちが日々使っているアプリやホームページは、スロットマシーンにそっくりです**。私たちは通知や友人からのコメントや重要なニュースや、マッチング・アプリで相手が見つかったかを見るため、ネットのページを何度も読み込んだり、携帯電話をチェックしたりします。同時に**大切なことを見逃してしまうのではないかという恐怖心**をもかき立てられます。私が受け取る通知の大半は、特段、素晴らしいものではありません。それでもなお、携帯電話の通知音は、私たちの期待をかき立て、胸の鼓動を早めます。これは「次こそは」とスロットマシーンにコインを入れ続けてしまうのと、全く同じメカニズムです。

知っていますか？

ニューヨーク大学の准教授で、『デザインされたギャンブル依存症』（日暮雅通・訳、青土社）の著者のナターシャ・ダウ・シュールによると、**スロットマシーンは依存症を非常に引き起こしやすい**もののようです。スロットマシーンと〝問題含みな関係〟を持つ人は、そうでない人のおよそ3～4倍も他の種類のギャンブルにも依存しやすいのです。（出典：アイディア投稿サイトMedium、2016年5月18日）

ソーシャル・メディアに似ているのは、スロットマシーンだけではありません。スーパーマーケットも、ソーシャル・メディアと果たす役割が少し似ています。牛乳やトイレットペーパーのような重要な日用品が、戦略的に配置され、入り口から出口まで行く間に別のものまでほしくなってしまいます。スーパーマーケットを出る時には、元々買う予定のなかったものがかご一杯に入っていて、目当てのものを買い忘れていた、なんて経験がある人も多いのではないでしょうか。あなたがイベントの開始時間を調べようとFacebookをチェックすると、スタートページに、**Facebookのアルゴリズムによってあなたの関心に合うよう選ばれたトピックがたくさん並べられている**のが、嫌でも目に入る

ことでしょう。このスタートページは、予定していたより多くの時間を費やし、よりたくさんクリックするよう、またあちこちに関心が向くよう設計されています。あなたはいつの間にやら、イベント開始時間を調べることを忘れ、もう一度、スタートページを開き直す羽目になるかもしれません。

あなたのお子さんは、広告や店に、私たちがより多くのお金を使うよう操られているということを知るべきなのと同じく、マッチング・アプリやソーシャル・メディアのような無料サービスでも、私たちがお金を使わせられるよう誘導されていると知るべきです。お子さんに次の鉄則を教えましょう。「マッチング・アプリやソーシャル・メディアの目的は、あなたに財布を開かせること」それらは、私たちが携帯電話をチェックし、あちこちクリックするよう設計されています。私たちに広告を見せることでお金を稼いでいる人がいて、私たちがクリックすればするほど、より効率的に私たちが関心を持ちやすい広告を届けることができるのです。Ｆａｃｅｂｏｏｋはプロフィール写真を替えた後、ユーザーが携帯電話を普段より頻繁にチェックし、投稿に敏感になるということを知っています。Ｆａｃｅｂｏｏｋがプロフィール写真のプライバシー設定を確認するよう勧めてくるのは、私たちに携帯電話を頻繁にチェックさせるためです。

デジタル・エンタメ、ソーシャル・メディアを運営する会社は、ユーザーの役に立っていると思わせるような体験をさせようとします。私たちのニーズを満たすと、すぐに新たなニーズを生もうとします。Ｆａｃｅｂｏｏｋが登場する前は、ごく親しい友人２、３人から誕生日のお祝いを言ってもらえればうれしく思えたものですが、今では誕生日のお祝いメッセージは、その人の人気度を社会に示すバロメーターと化しました。かつては、自分の誕生日を覚えてくれている人がいればうれしくなったのに、今日では「友人よりも自分の方がお祝いメッセージをもらった数が少ない」と悲しむ人が大勢います。私たちはFacebookが友人におめでとうと言うのを忘れないようにしてくれていると思いがちですが、実際にたくさんの誕生日メッセージがほしいというニーズを作っているのは、彼らなのです。

Facebookをチェックしたいという衝動を抑えるため、簡単にできることがあります。例えば、**Facebookの誕生日の欄は非表示にしたり、プロフィール写真を頻繁に替えるのをやめたりすればよい**のです。現代の10代の若者の多くにとって、大きなストレス要因は、SnapchatのSnap連続更新記録《streaks》が途切れないよう、仲良しの友だちに写真を日々、送り続けなくてはならないことです。写真を送り続けることで、友だちの名前の横に表示されている数字がどんどん増えていき、誰がより長期間、記録を維持できるか競うことができます。あなたが親として、お子さんに毎日Snapchatを使ってはいけないと言えば、お子さんは友だちにこう言うかもしれません。「うちの親って、むかつくんだ。Snapchatをやめろって言われた」ですが、あなたはこうして親としての責任を果たすことができますし、禁じることで、お子さんの顔を潰すことはありません。お子さんからやいやい文句を言われると、心が折れそうになるかもしれませんが、あなたはお子さんのためになることをしているのですよ。**ソーシャル・メディアから離れ、少し休むことで、心がとても落ち着く**のは、子どもも同じです。

Få styr på dit barns digitale verden

Chapter 1

この章からあなたが学んだ5つのこと

❶ 子どもがあなたといっしょに何をするのが好きか、知りましょう。

❷ 子どもに寄り添いましょう。いっしょにいる時は、携帯電話とコンピュータを使うのはやめましょう。

❸ あなたのお子さんが電子機器で何をしているのか、興味を持ちましょう。そしてあなたも参加し、デジタル世界をいっしょに探求しましょう。

❹ 子どものプライバシーを尊重しましょう。監視しても、道は開けません。

❺ デジタルの世界に、時に批判的になりましょう。子どもにも、批判的なものの見方を教えましょう。

Få styr på dit barns digitale verden

Chapter 2

第2章

デジタル世界と家庭

この章に書かれていること

- □ 完璧な家庭を目指すのはやめましょう。
- □ デジタルおしゃぶりを使うのはやめましょう。
- □ 子どもと喧嘩になるのを恐れないで。
- □ 諍《いさか》いが起きた時の対処法を身に付けましょう。
- □ 子どもの画面利用時間を管理しましょう。
- □ よいお手本になりましょう。
- □ 責任をとりましょう。

心理士である私に、多くの親が「子どもを持つのが、こんなに大変だとは思わなかった」と言います。そこまで疲弊してしまう最大の要因は、**親自身が家庭内に居場所がないと感じている**ことでしょう。多くの親が、母または父でいることしか許されないと感じているようです。自分自身のやりたいことは我慢。夫婦生活にも、なかなか意識が向きづらい。それに引き換え、よその家族は、夫婦でスポーツしたり、散歩をしたり、手を繋いで歩いたり、手作りのパンを焼いたり。子どもたちも幸福そうで、まぶしいぐらいはつらつとしている――そんな錯覚に陥りがちです。ソーシャル・メディアは、他の人は皆、完璧な生活を送っていて、スーパーやコンビニでパンを買ったり、洗濯物をきちんと畳まずに部屋に放置し、子どもにしわしわの服を着せたりしているのは自分だけのようなイメージを私たちに植え付けます。**ソーシャル・メディアで目にする創られた現実は、実際の家庭を映し出してはいません**。完璧な家庭はソーシャル・メディア上にしか存在しないのです。子どもを持つのは、大変なことです。時間や知識、そして何よりエネルギーを要します。**ソーシャル・メディアでやたら色々な人をフォローし、生活をのぞき見するのをやめることで、あなたは余計なエネルギーを消費せずに済むでしょう**。

大半の親は、子どもたちができるだけ健やかで自立した生活を送るよう望んでいます。そして子どもたちに何とかして幸福と成長をもたらそうとします。有機農法で育てられた小麦で焼いたパンを焼かなくてはならなかったり、子ども部屋を素敵に整えたり、イベント用の衣装を手縫いしたりするのには、ストレスが伴います。きらきらした家族生活を送っているかのような写真や動画をソーシャル・メディアに上げる人がこれまでは多かったようですが、最近は、ＳＮＳの投稿で、不完全な面《え》を見せる親が増えているようです（これは精神的な余裕がないと、できないことです）。どうしてそこまでして、他人に私生活を見せなくてはならないのでしょう？ **子どもは部屋の隅に埃《ほこり》があっても気にしません。でも、親がストレスを感じていたり、よい親でいなくてはならないという不文律に従おうとして不安を抱えていたりすれば、子どもはそれを敏感に察します。ソーシャル・メディアで優雅な暮らしを見せびらかそうとしてばかりいると、最悪の場合、子どもたちといっしょにいるエネルギーをも失いかねません。**

くつろぐだけじゃ駄目なの？

家に仕事を持ち帰る人が増えるなどして、労働時間が延びたことで、親と子どもの関係性が変わってきました。両親がそろう日が滅多にない家庭も多くあるようです。そうして家族の時間は滅多に訪れない〝貴重な時間〟で、できるだけ心地よく、快適なものでなくてはならなくなりました。**親は諍《いさか》いを避けるため、子どもの機嫌をとるようになりました。**頭が固くて、面倒臭い親と思われないように、**子どもたちに何が正しく、何が間違っているか、自分で探り当てるよう願うようになった**のです。「それはあなたが決めたことだから、私たちは口出ししない」と口では明るく言いますが、いざ約束が守られないと、がっかりして、子どもにいらぬ罪悪感を植え付けます。

子どもと約束をする際、親は責任の一部を放棄し、子どもに委ねがちです。子どもも大人と同じように責任を負えると思えるかもしれませんが、そんなわけがありません。物事がうまくいかなかった時の責任は子どもには負えません。子どもは遠い未来に、どんな結果がもたらされるか、考える能力を備えていませんし、判断力もありません。**しつけは常に親の責任**で、あなたは親として責任を負う心づもりでいなくてはなりません。そうすることで、諍いは滅多に大きくならないでしょう。**諍いは、子どもが自分たちに課せられた責任が重すぎると示そうとする時、よく起きる**ものだからです。

子どもに長々と説明することで、諍いを避けようとする親もいます。そういう親は、子どもたちが早く寝ることの重要性を理解し、自分から「おやすみ、パパ、ママ。疲れたから寝るね。でないと明日、学校で集中できないから」と言うと思っているかのようです。お子さんがそんなことを言い出したら、注意が必要です。それは**子どもが親の責任を背負い込み、親の世話をしようとしている**証拠だからです。お子さんはあなたが大きな責任を背負っていると感じ、その重荷を下ろそうとしてくれているのでしょう。子どもがそんなことを言い出す時は、非常事態です。**子どもというのは非常に賢くて、例えば蹴ったり、つばを吐いたり、叩いたり、怒鳴ったりとあらゆる方法で、自分たちの責任ではないと信号を送ろうとするものです**。

親として全ての責任を負うのには、勇気と度量の両方がいりますし、心のゆとりもかなり必要です。今の親はその真逆で、余裕がありません。経済界では、金融危機や財政破綻をもたらすインフレについてしばしば議論されています。家族の危機や一種の破綻の大きな要因となりうる家族生活のインフラについて、今日しばしば話題になるのは、このためでしょう。これは子どもにとって――何がしたくて、何がしたくないのか自分では言えない小さな子どもにとっては特に、非常に困難です。**子どもたちが健**

やかな環境で育つことができるかどうかは、子どもの心に寄り添ってくれる、穏やかで、理性的な親に恵まれているかに全てかかっています。

デジタルおしゃぶり

多くの家庭では、夕方から子どもが寝るまでの忙しい時間帯、夕飯が出来上がるまで、親が自由になるため、また長距離運転中やレストランに行く時など、逼迫《ひっぱく》した状況で起こりうる〝危機〟を回避するためのお助けツールとして、電子機器が用いられがちです。子どもが癇癪《かんしゃく》を起こしたり、不安になったりしそうな時にタブレットを持たせることで、しばらくの間は平穏が保証されます。**このようにタブレットは、癇癪や諍いを効率的に避ける〝デジタルおしゃぶり〟として用いられがちです。**

癇癪を避けるのに、タブレットを使うのはよいことに思えるかもしれません。ですがフラストレーションを表現した時、耳を傾けてもらうのは、誰もが持つ人権の1つです。小さな子どもにとって癇癪を起こすのは、境界線《ボーダーライン》を引き、自身の人生に積極的に影響を及ぼすための第一歩です。小さな子どもは自分たちが生きるのに、大人からの庇護と思いやりが必要だと本能的に知っているのです。子どもたちは不快を覚えたり、放っておかれていると感じたりすると、アイコンタクトや抱っこを求めたり、癇癪を起こしたり、泣いたりします。癇癪を起こすことで、SOSを発信します。子どもたちの声に耳を傾け、うまく対処できるよう導くのは、大人の責任です。小さな子どもは自分自身がどうしてそのような反応を示すのかも、状況を改善するため、どう反応すべきかも分かりません。親として、例えばなだめるとか、食べものを与えるとかいった方法で反応を示すことで、子どもに自分自身のことや自分の欲求について教えることができます。

電子機器（テレビも携帯電話もタブレットも）には、子どもを半ば麻痺させ、ゾンビ状態にさせる力があります。電子機器は小さな子どもに、ホラー映画が大人に及ぼすのと概ね似た影響を与えます――脈が上がり、周りの音や他の活動に過度に敏感になり、多くの印象が入ってきて、半ば不随状態になります。主に10代の子どもが画面にばかり目を奪われるようになるのは、退屈が原因であることが多いです。またある種の怠慢も原因です。現実世界の中でやることを見付けるよりも、画面の中をのぞいて、楽しそうなエンターテインメントを見付ける方が手っ取り早いでしょう。ですが**子どもには自分の世界に没入し、入ってきた印象を処理する時間と平穏が必要です。**また**子どもが面白くて、独創的なアイディアを思いつくのも、退屈した時である場合が多いのです。**退屈する度、すぐに手に入る娯楽を与えられてしまうと、アイディアが生まれるのが妨げられかねません。

さらに**デジタルおしゃぶりは親の怠慢から使われることもあります。**なぜなら自ら積極的に子どもの遊びに関わるよりも、画面を与えた方が楽だからです。子どもが

1人で大人しく遊んでいてくれる限り、親はくつろいだり、自分のしたいことをしたりできます。**もしもあなたが親として、そんな風に電子機器を利用しているのなら、あなたは子どもに耳を傾けることにも、子どもといっしょにいることにも、特別、関心がないという信号を送っていることになるのですよ。**お子さんが親であるあなた方といっしょにいるより、画面の前にいる方が好きであるかのように見えるのには、理由があるはずです。**私が話をしたことのあるほとんどの子どもは、家族といっしょにいるのが好きで、もっといっしょにいたいと言っていました。テレビの前に座ったり、携帯電話やタブレットを見たりする時、子どもはうれしい気分ではありません。**物語を創ったり、絵を描いたり、ふざけながらダンスしたり、木登りしたりして体と脳をアクティブに動かす時に、うれしい気持ちになるものです。

お子さんが電子機器を手に長時間じっとしているように見えても、内心では長時間車に乗っていなくてはならないことや、レストランに行かなくてはならないこと、その他の物事に強いフラストレーションを覚えているということもありえます。**静かで落ち着いた子どもが、調和のとれた幸福な子どもであるとは限りません。お子さんがあなたの注意を自分に向けさせるのを完全にあきらめてしまったとすれば、それは状況に適応せざるをえなかったにすぎません。**子どもたちが口に出して文句を言ってくるうちは、希望も改善の余地もあります。あなたは親として、子どもが癇癪を起こすのを避けたり、止めようとしたりすべきではありません。子ども自身も分かっていないかもしれませんが、癇癪の陰には、常に何かが隠れているものです。お子さんが突然怒鳴ったり、叫んだり、ドアをバンと閉めたり、物に当たったりするようになったら、あなたはその行動の陰にあるのが何かを見極める努力をするべきです。

それはお子さんが何か具体的なことに苛立っていたり、フラストレーションを覚えていたりすることの、または重い負担がかかっていたり、何かしら不幸せに感じていたりすることの証拠と考えましょう。**子どもが怒りを露《あらわ》にすることで、何をしているのか、また何をしようとしているのかに注目し、なぜ子どもがそのような反応を示しているか探ることに注力しましょう。**

親が自分といっしょにいたいと思っているのを感じたくて、または不調を知らせるため、あなたに訴えかけてきていることもあるでしょう。ですが子どもが言葉でそう説明してくることは決してありません。たとえお子さんが「お父さん／お母さんの馬鹿」「僕／私のことなんか愛していないんでしょ」などと暴言を吐こうと、ドアを乱暴に閉めようと、発信される信号を読み解くには、彼らのことを知ることが何より大切です。大きな子でさえも、自分が実際、何に反応しているのか、必ずしも分かっていません。自分が何につまずいているのか理解するには、他の人と話をする必要があります。**子どもが怒りや憤りといった反応を示したら、あなたはその口に〝デジタルおしゃぶりをはめる〟のでなく、両手を広げ、何に苦しんでいるのか、聞いてあげましょう。**テレビや携帯電話やコンピュータやタブレットは、一時的に子どもをあやせる便利な道具かもしれませんが、デジタルおしゃぶりを使ってばかりいたら、陰に潜む問題を解決することはできません。怒りや憤りを感じている子どもの言葉に耳を傾ける代わりに、電子機器を与えることで、あなたは子どもと向き合うエネルギーや気力が残っていないという信号を、意図せず送りかねません。

家庭内での議論

つい最近まで、家にテレビが1台しかなくて、その1台を家族全員で使っている家庭が一般的でした。ですが**今では、テレビが2台以上ある家庭が多いですし、子ども部屋にテレビを置く家もあります。家族のほぼ全員が、携帯電話やタブレット、コンピュータ、テレビといった自分専用の電子機器をいくつか持っています**。このような変化によって、きょうだい喧嘩は間違いなく減っているでしょう。なぜなら子どもたちは各々で自由に電子機器を使えるので、何を見るか意見をすり合わせる必要がないからです。親から見れば、それはよいことに思えるかもしれません。長時間労働の後で体を休めたいでしょうし、長期休みや週末には、ただゆっくりしていたいでしょう。ですが、子どもと議論し、言い合うことで、意見や話し合いをしようという意思を示せることも忘れてはなりません。

喧嘩は子どもの成長に必要

諍いに対処し、交渉し、妥協することは、友だちの輪に入る上で必要なスキルです。子どもは議論をする中で、時に喧嘩してもよいと許されることで、イエスかノーか意思を示し、妥協し、相手の言動、反応を理解する練習をすることができます。**親子で議論する時、何を議論すべきで、何を議論すべきでないか決定する責任を負うのは親です**。例えば子どもに健康的な食事や運動、睡眠が必要であることとなど、大人である親だからこそ分かる事柄もあります。**同時に、子どもにも何かしらの決定権を持たせる必要があります。**あなたは例えばこんな風に言うことができるでしょう。「タブレットを1日1時間までしか使ってはいけないというルールは変えられない。でもその1時間をどの時間帯にするかは、いっしょに話し合って決められるんだよ」お子さんの声に耳を傾け、いっしょに決める権限を与えることであなたは、子どももその願いやニーズへの配慮がなされるべき、大人と同等の価値を持つ共同体の一員なのだと示すことができます。つまり、合意に至り、妥協案を見出すことを目的に行われるものです。**つまり互いの意見を知り、互いを理解する絶好のチャンスなのです。**

子どもが責任をとろうとせず、押し黙り、他の人がどうにかしてくれるのを期待するようになったら、大変です。もしくは断固として自分の意思を曲げず、全てを牛耳り、決めてしまうようになるのも。落ち着いた口調で建設的に議論し、他の人の視点から物事を見るよう努力することを学んでこなかったとすれば、それは問題です。私たちは子どもに議論させ、喧嘩させることで、これら全てを学ぶチャンスを与えられます。**諍いに対処する術を学ぶ最も手堅い方法は、理不尽な振る舞いをしても、群れを追い出されないことが確かな家族の中でまず学ぶことです。**そのステップを経た上で、何が他人を喜ばせ、何が怒らせるのかを学んでいくとよいでしょう。これはその先の人生でずっと役に立つ経験です。

あなたのお子さんが保育所や幼稚園や小学校に入るまでに、他者と協力し、諍いに対処する術を身につけてこなかったのなら、先生にそう伝えておいた方がよいでしょう。そういう子は、妥協できなかったり、1人で全部決めてしまおうとしてしまったり、遊びの輪に入ろうとしなかったり、遊び道具を他の子にとられても抗わず、むやみに譲ってしまったりするかもしれません。するとお子さんは1人ぼっちになってしまうかもしれません。**全て自分で決めようとしてしまう子どもは、遊び相手を見付けるのが難しくなります**。大半の子どもは、遊びについて自分も決定権を持ちたいと思うものです。**物怖じしたり、遊び道具を譲ったりしてしまう子は、他の子から〝弱い子〟と見なされがちです**。それでも空気のような存在としてなら、仲間に入れてもらえるかもしれませんが、**最悪の場合、いじめの標的になりかねません**。また自分の意見を持たず、常に他の子に意見を合わせてしまうかもしれません。すると自分の気持ちをうまく感じ取れなくなり、何をしたいか自分でも分からなくなります。保育所や幼稚園、学校は、家庭より概してシビアなので、苛立たしいと思われ、仲間外れにされることもありえます。最悪の場合、子どもは学校にいる間ずっと仲間に入れてもらおうと必死にならざるをえなかったり、誘われないことにしょっちゅう失望したりしかねません。

家庭内で議論し、時に言い争うことが、子どもの発達と幸福にとって、非常に重要なのです。「お父さんとお母さんはちょっとくつろぎたいから、あなたたちはタブレットで遊んでいて」などと言いそうになったら、そのことを思い出してみてください。

子どもが何をしてよくて、何をしてはならないのか、分かりやすく示しましょう

「あなたの家では、誰かが怒った時、どうしていますか?」こんな質問を子どもたちにすると、「さあ」

という答えがしばしば返ってきます。一方、自分が怒っていない時、何をしてはいけないのかは、よく知っています。子どもたちはつばを吐いてはならないとか、叩いたり蹴ったりしてはいけないと知っています。ですが、**子どもたちは自分が怒った時、どうしたらよいのかは知りません**。子どもが時々、憤ったり、怒ったりするのは、ごく自然なことです。そういう時、子どもたちは、自らの怒りに反応を示す必要があります。どんな反応をしてよいか、その際、何に留意するべきか事前に知らせておけば、子どもたちはその情報を生かすことでしょう。さらに**あなたはお子さんに何をしてほしくないかだけでなく、何をしてよいかも伝えるべきです**。例えば「これを噛んじゃ駄目。でも、このおしゃぶりなら噛んでもいいわよ」とか、「壊れるものは蹴っちゃ駄目だけど、ドアのサッシなら壊れにくいから蹴ってもいいよ」という風に。

ルールを教えよう

子どもは皆、怒られたくないものです。なので親を怒らせないよう、かなり気を遣っています。子どもたちがルールを知り、自分たちに何を期待されているのか分かれば、とりあえず〝きちんと〟振る舞うことはできるでしょう。

子どもに具体的な指示を与えずに、目に余ると判断した瞬間、急に叱る親もいるようです。そういう親は、突然やって来て、こう怒鳴るのです。「うるさいからやめるんだ」「ゲームを長くやりすぎだよ」ですがこのような親は、子どもがどれぐらい、またどこでなら騒いでいいのか、どれぐらいの間、ゲームをしてよいのか、事前に全く告げていません。**子どもに具体的な指針を示すには、親が話し合い、自分たちの家庭でどのルールを採用するかを見極める必要があります**。それには入念な準備が必要ですが、労力を割くだけの価値はあります。ルールを示すことで日々の諍いが減りますし、何度も叱らなくて済むでしょう。

親として、あなたは何よりまず、本来はどうあるべきか知る必要があります。その上で**家族会議を開き、どんなルールを定めるべきか、お子さんも交え、話し合ってください**。子どもが怒って興奮している時に、ルールを示しても効果はありませんので、気持ちが落ち着いている時にした方がよいでしょう。子どもたちにルールを事前に告げることで、あなたは大きな諍いに発展するのを食い止めることができるかもしれません。子どもにルールを伝えることで、家で誰かが怒った時、どう反応するべきかも伝えられるのです。ドアをピシャンと音を立てて閉めてよいか？　文句は時々は言ってもいいけれど、個人攻撃はいいのか？　クッションを蹴っていいか？　子どもがどう怒りを発散したらいいか、知ることが大事です。諍いを完全に避けることはできませんし、避ける必要もありませんが、**子どもにあらかじめルールや怒りの発散法を教えておくことで、諍いが制御できないほど大きくなるのを、確実に避けることができます**。

P218
シングルマザー／ファザーや、離婚家庭、再婚家庭が、どのように準備し、ルールを示したらいいかは、218ページに詳しく書いてあります。

心の準備ができていることで、諍《いさか》いを防げる

子どもの脳は、遠い未来のことを計画したり、たくさんのことを一度に考えたりできるようにはできていません。子どもたちの脳は発達途上です。

メールやSMSに応えることも、手帳に予定を書き留めるのも忘れて、ダブルブッキングしてしまったり、理由もなく急に怒り出したり、悲しくなったりした経験はありませんか？　これらはどれも、脳の〝実行機能〟が失われた時に起こりえます。**私たちは脳の実行機能によって、先のことを考えたり、計画を立てたり、物事を系統立てて整理したり、目標を定めたりできます。**時間感覚や感情のコントロールや記憶の一部はここにあります。**実行機能は、生まれてから25〜30年かけて発達していきます。**

❶ **生まれたての赤ん坊には実行機能は備わっておらず、物事を予期したり、計画を立てたり、系統立てたり、感情をコントロールしたりできません。**親が毎日同じ時間に決まったお世話をしてあげることで、赤ん坊はこれから何が起きるか予期でき、安心感を覚えます。赤ん坊がよだれでべとべとになったねんねタオルやテディベアに抱きつきながら、毎晩、同じおやすみ絵本を繰り返し読んでもらいたがるのはそのためです。今まで決まった時間にしてもらっていたことをしてもらえなくなると、大声で泣き、抗います。

❷ **保育所に通う年齢になると、脳の実行機能が発達しはじめます。**女の子は男の子より少し早く。**この年頃の子どもたちは遊ぶ時、自制がきくようになり、遊びのルールも理解できるようになります。**また向こう2、3日のことを考えられるようになります。その日のいつ頃、誰が迎えに来てくれるか、理解できるようになりますが、翌週のことは、まだ先のことすぎて分かりません。

❸ **小学校に入学する頃になると、時間の感覚が身につき、感情や遊びをコントロールするのがますます上手になります。**1週間も先の予定について考えられるようになりますし、「4日後」というのは、あと4回寝たらということだと理解できるようになります。

❹ **11、12歳になると、その日使う教科書を、学校鞄に入れられるようになったり、濡れた体操着を干したり、どんな宿題が出されたかを覚えていられたりと、様々なことを自分でできるようになります。**

❺ **思春期になると、子どもたちは急に前まで考えられていたことが考えられなくなります。**部屋や学校鞄の中身を散らかすようになり、スポーツバッグの中の手拭きタオルを濡れたまま入れっぱなしにしたり、服を友だちの家に忘れてきたり、携帯電話をバスに置き忘れたり。**これは思春期の体と脳が激しく変化し、一種の危機的状況に陥るからです。思春期になると、約束を覚えていたり、整理したり、計画したり、意見を考えたりするのに、これまでより助けが必要になります。**

1週間の計画を立てることで、家庭が平穏に

毎週日曜日に、翌週の余暇活動についてや、誰が家に遊びに来るのか、いつ学校のPTA会議があるのか、誕生日はいつかなどについて、家族皆で話し合い、予定表を作りましょう。秩序や計画は家族全体に平穏をもたらします。なぜなら子どもたちが自力では思い描けない1週間のスケジュールが示されるからです。はじめは手間も時間もかかるかもしれませんが、時間を投資するだけの価値はありますし、とても役に立つでしょう。

子どもの脳にはこれから何が起こるか考え、備える能力は備わっていません。そのため、現実世界で起きるあらゆる変化は、子どもたちの脳に大きな負担をかけますし、体がこわばり、脈が上がります。また子どもは警戒心も抱きやすいものです。子どもは変化が起きると、ほぼ毎回、反応します。まずはお風呂に入りたがらなくなりますし、ようやくお風呂に入っても、朝起きてこなくなるかもしれません。さらに散歩に行きたがらなくなり、ようやく出掛けたと思うと、今度は家に戻ってこなくなるなど。子どもは靴を履くのを拒み、ようやく履いたと思うと、夜中に靴を履いて眠りたがる。大きくなってくると、代理の先生を嫌がる子もいますし、テーマ週間や試験期間など普段と異なる時間割の日や、年末12月に強い拒否反応を示すでしょう。離婚家庭の子どもが、もう一方の親の家に泊まりに行く時は、急にルールと日課が変わることに戸惑うと同時に、常に飢餓感に襲われる場合が多いようです。多くの子ど

もは、平日が終わり週末がやって来る時、または決まりや日課が変わる長期休暇の時にも、強い反応を示します。**問題は、親が普段の日とそれら特別な日とのルールの違いを、あまり明確にしないところです。**普段してはならないことも、土曜や夏休みにはしてもよいと子どもたちは知っています。ですが、境界線《ボーダーライン》はどこでしょう？　それともそもそも境界線《ボーダーライン》などないのでしょうか？　**週末や長期休みに、どのルールが当てはまるかをはっきり示さないと、子どもは不安になります。子どもにルールを示す最善の方法は、視覚的に示すことです。**幼い子の場合、絵にするとよいですし、大きな子には、紙にルールを書いてやるとよいでしょう。ルールは目立つ場所に——できれば電子機器のそばに貼るとよいでしょう。こうしてどんなルールを守るべきか経験則ができますし、何をしてよくて、何をしてはならないのか、分かりやすくなるため、これはとてもよいことです。規則正しい毎日を送る幸せな子どもは、潜在的に達成度が高くなります。ここで大事なのは、規則正しさや予見性の高さが、子どもの日常を大きく左右するということです。こうして子どもはこれから何が起きるのか心の準備ができますし、どうしたら自分たちが安心できるのか知ることができます。

朝と寝る前
1時間はゲーム、
携帯、タブレット、
テレビを見ない

「今日は特別にいいよ」はありか？

「今日は特別にあと30分、映画を見ていいよ。でも読み聞かせの時間はなくなるよ」そんな風に、**例外を作ってもよいのですが、一番よいのは、約束を図で示すことです。**テレビと本の絵を描いて、丸で囲みます。**こうしてお子さんは、例外を許された時、どうなるのか、あらかじめ知ることができます。**そのように示されないと、子どもは自分で想像し、考えることはできません。何が起きるか先に知らされていないで結果に気付くと、拒否反応を示すでしょう。いつものように読み聞かせをしてもらえないと気付いた子どもが、怒るか悲しむことは覚悟しておきましょう。〝読み聞かせする時間はない〟というスタンスは変えなくてよいのですが、**「本当は～って約束していたのに」などと言うことで、お子さんに罪悪感を植え付けないようにしましょう。**そう言うことであなたは責任の一部を子どもに押しつけているのです。そんなことを言う代わりに、黙ってもう一度、図を見せるとよいでしょう。

諍いにどう対処するか？

諍いに発展しそうな時、親であるあなたが何とかするつもりでいるという信号を、はっきり示すことが大事です。子どもがあなたに怒ったり、苛立ったりしても受け止める度量の広さを示しましょう。恐怖も失望も、悲しみも怒りも露わにしてはなりません。**お子さんが何を言い、何をしようと、あなたの**

決断は揺るぎません。子どもへの敬意に満ちた言葉遣いで、例えばこう言いましょう。「もう2時間もゲームしているよね。今日はゲームは駄目だよ。さあ、コンピュータの電源を切りましょう」または「私に怒ってもいい。だけど、Ｆａｃｅｂｏｏｋのアカウントを持つには、まだ早すぎる」２、３回繰り返しあなたの意見を示した後、最後にこう言いましょう。「もう何度も言ったよ。あなたならすぐに理解してくれると思うから、ここから先は何を言われても、このことについては答えないからね」もしも子どもが無理矢理あなたに意見を変えさせようとするなら、こう繰り返し言い聞かせましょう。「私が言ったこと、分かったよね。いくらせがまれても、変わらないからね」このようにして、**子どもの怒りとフラストレーションを受け入れつつも、責任は自分が負うという態度を示せる**のです。

あなたのお子さんは、大声で文句を言ったり、苛立たしい、理不尽などと言ったりするかもしれません。**子どもが親に苛立ったり、怒ったりするのは、ごく自然なことです。**子どもたちはまたこう言うかもしれません。「お父さんなんか／お母さんなんか家族じゃない」「お父さん／お母さんは本当の親じゃない」「お父さん／お母さんなんか、大嫌いだ」そんな時、あなたは「何言ってるの。私はあなたのパパ／ママだよ。愛してるよ」と真正面から答えるのではなくて、「何をくだらないことを言ってるの」とだけ返しましょう。**あえて子どもと争い、責任を持ち、どっしりと構えることで、愛情を示せる、ということを忘れないでください。**あなたが親として責任をとらないと、子どもは1人でどうにかしなくてはならなくなります。しかもそれでうまくいかなければ、劣等感を覚えてしまうでしょう。**「私に怒ってもいいけど、〜してはいけないよ」と言うことで、あなたは責任を引き受けるのです。子どもの怒り**

の矛先が子ども自身に向かうより、あなたに向かう方がずっとよいでしょう。

　話し合っている途中で、お子さんが悲しみはじめ、**特定のゲームを持っていないと仲間外れにされるとか、Ｆａｃｅｂｏｏｋのアカウントを持っていないといじめられる**とか説明するかもしれません。**それは真実かもしれませんが、言い訳にはなりません。**そういう時、あなたはこう言うとよいでしょう。「でもとりあえずは、すぐにコンピュータの電源を切りなさい。さっきのことは、明日また話しましょう。詳しく知りたいから」あなたの指示に子どもが従ったら、例えば買い物や食事作りや映画鑑賞などをいっしょにする提案をしましょう。多くの子どもは、怒りを抑えきれなくなり、馬鹿なことをしたり、ひどいことを言ったりした時、罪悪感を覚えるものです。あなたは首をあまり突っ込まずに、単純にこう言ってもよいでしょう。「いいよ。君はまだ子どもで、困惑して何が何だか分からなくなっても無理はない」そうすれば親子でまたいっしょに笑えるようになるでしょう。

　過程を振り返り、別の手立てがとれなかったか、反省することも大事です。別のアプローチをしていたら、お子さんをそこまで激しく怒らせずに済んだのか、お子さん本人に尋ねることもできます。**お子さんの怒りが静まるまでは、決断を下し、状況をコントロールするのはあなた方親である点を強調することが大切です。お子さんの暴発した怒りが静まってはじめて、どうしたのと尋ね、耳を傾けることができます。**そうしてしばらくしてから、自分たちのとった対応は、子ども本人の発言を受けてのものと説明するとよいでしょう。

電子機器の使用時間――どの時間帯に、何時間ぐらいまで?

私は保護者から、電子機器の使用時間についてよく質問されます。「子どもは実際のところ、どれぐらいの時間、画面の前にいてよいのでしょう?」「電子機器を使うのは、特定の時間帯に決めた方がよいのでしょうか?」などと。

ですが、見過ごされがちなのは、ドアの閉まった部屋に子どもが1人でいるか、他の人といっしょに電子機器を使っているかでは大違いであるという点です。私はよく「**中学生が1人で画面の前にいるのは、1日最大2時間までにしましょう**」とアドバイスします。**ただし他の人といっしょに見るのであれば、もう少し長くてもよいでしょう**。ここで言う〝いっしょ〟とは、同じ空間にいるという意味であって、ソーシャル・メディア上や、オンライン・ゲーム上にクラスメイトなどといっしょにいることではありません。そして同じ空間にいても、別のことをしている場合は、〝いっしょ〟には含まれません。**利用時間が2時間を超えてもいいのは、同じ空間にいる誰かと活発に協力する場合のみです。**

私が強く勧めたいのは、子どもが1日何時間画面の前にいるべきか、どの時間帯に電子機器を使ってよいのか、お子さんといっしょに決めることです。お子さんによっては、画面を見てよい時間帯を親が決めてくれると助かると思う子もいるでしょう。ですが、**まずは時間数を守っている限りは、画面を見てよい時間帯をいつにするかお子さん自身に決めさせてあげるべきです**。あなたのお子さんが画面の前で多くの時間を費やす傾向があるなら、**利用時間を表にし、現在の利用状況を視覚的に示し、子ども部

屋や、テレビ、コンピュータの近くに貼ってはどうでしょう？　キッチンタイマーを用意し、電子機器の電源を入れると同時に、タイマーのスタートボタンを押させるようにしましょう。ごく幼い子も、キッチンタイマーのボタンを押すぐらいはできるでしょう。

お父さん、お母さんから子どもたちへの提案の例

子どもたちへ

お父さんとお母さんはあなたたちがインターネットで何をし、何に興味を持っているか知りたいと思っています。私たちは、あなたたちがしていることに関心があります。

1日2時間までしか電子機器を使ってはいけないというルール自体は変えられないけれど、その2時間をいつの時間帯にするかは、話し合って決められます。

ゲームを1時間半したら、最低でも10分は休憩をとり、画面の前に座るのとは、違うことをするとよいでしょう。

朝はテレビとコンピュータの電源は切ろう。

夕飯時は、携帯やゲーム機などは全て、電源をオフにし、かごに入れよう。寝る前に電子機器を使うのはやめよう。

このルールをあなたたち子どもだけでなく、大人も守らなくてはなりません。

お父さんとお母さんより

朝

「朝は戦争だ」と話す親は多くいますが、非効率的な方法で子どもを起こすことに、毎朝15分もの時間を無駄にしていることに気付いている親はそう多くありません。多くの親は、テレビや朝ご飯の準備ができたリビングのソファの前に、子どもを毛布にくるんで運びます。朝の準備に追われるあなた方、親を責めるつもりはありません。ですが、このように**朝、慌ただしくなるのには、複数の要因が隠れています**。まず、子どもというのは、カーテンが閉まっていて、毛布に包まれたまま、親に半ばささやくように「朝だよ、起きて」と言われても、なかなか起きないものだということを知りましょう。5歳を迎える頃から、テレビを見ている時、脳がある種の半睡状態になり、よほどのことがない限り、すっきりと目覚められなくなります。しびれを切らした親の中には、こんなことを言い出す人もいるでしょう。「あなたが平穏な満ち足りた朝を迎えられるよう、私ばかりかけずり回って、甲斐甲斐しくやってあげるのは、よくないわ。でも私がいくら言っても、あなたは自分で服を着ようとしないじゃない」こう言うことで、頼まれてもいないのに、親である自分がついあれこれ全てやってしまっている責任を、子どもになすりつけてしまうのです。

朝はこんな風に、はじまるべきです。**カーテンと、できれば窓も開け、陽気に、軽やかでフレッシュな声で、「朝だよ、起きて」と言いましょう**。お子さんが憤りを露わにしたり、怒り出したりしても、あなたは、鼻歌を歌い続ければいいのです。あなたは出掛ける準備をしているだけなのですから、動揺する理由は全くありません。理想的な朝には、光と新鮮な空気とはつらつとした親と、おいしい朝ご飯が必要です。そして時間ぎりぎりでなく、10分前に家を出るようにしましょう。ほぼ全ての親が私に、大きな諍いなしには子どもを起こせないと言います。ですが、私のアドバイスを受けると、しばらくしてまた私のところを訪ねてきて、感嘆したような声で、こう言うのです。「今まで悩んでいたのが嘘みたいに、簡単だった」

朝ご飯を家族で食べることを習慣化させるのは、よいことです。家族皆で朝ご飯を食べることで、1日を穏やかに、楽しく迎えられます。時間がないと言う人もいるかもしれませんが、ほんの15分程度しかかかりません。皆で朝ご飯を食べるため、あなた方親は30分早く起き、朝ご飯の支度をしなくてはならなくなるかもしれませんが。シャワーを浴びたら、自分の支度をし、お弁当を作って、朝ご飯を出し、子ども部屋に行って子どもを起こし、着替えを手伝い、家族皆がテーブルにつく。そうして1週間の予定表を見て、今日は何をするのか話しながら、皆で穏やかに朝ご飯を食べるのです。大きくなってきた子どもたちは、自分でお弁当を詰め、朝ご飯を出しながら、自分でシャワーを浴び、身支度を調えることができるでしょう。

1日を心地よく穏やかにスタートさせることで、家族皆のやる気が湧き、ストレスも減るでしょう。子どもも大人も、朝は電子機器を使わないよう、お勧めします。

放課後

子どもが学校から戻る数時間後に帰宅する親の相談に、これまで私は多くのってきました。そういう親の多くは、自分たちがいない時間帯に、子どもたちがどれぐらいコンピュータやタブレットや携帯電話、テレビを見ているのか分からないと言います。お子さんが普段、やることを見付けられず、すぐに退屈し、画面の前に座りたがるなら、それはあなたが帰ってきてドアを開けた瞬間に、電子機器の電源を入れ、画面をのぞき込んでいるからではないでしょうか。子どもが電源のついたコンピュータの前に座っている時、興奮していたり、頬や耳が赤くなったりしていたとしたら、それはゲームをやりすぎている証拠です。逆にあなたのお子さんが庭で走り回ったり、本を読んだり、絵を描いたりして、楽しそうで、穏やかなら、あなたが帰宅するまでの間に、電子機器をそれほど使っていなかった証拠です。私は学童に通う子どもが、自分のことを自分で決める必要性があると思っています。友人や学童の先生といる代わりに、家に帰って、ゲームをすることには、大きなリスクが伴います。あなたが仕事から帰るまでの間、学童で過ごすようお子さんに言ったとしても、

それは愚かでも、厳しくもありません。お子さんがあなたのことを「馬鹿」とか、「理不尽だ」とか、「何も分かってない」などとののしってきたとしても、あなたはお子さんのためになることをしているのだということを、忘れないでくださいね。それでもあなたがお子さんを家にいさせる選択をしたとすれば、**お子さんの帰宅の1時間以内に家に戻るようにしてください**。あなたのお子さんが家に帰り、コンピュータやタブレットを使ったり、テレビを見たりするとすれば、その日、画面の前に1人でいられる持ち時間は使い切ったということです。また、お子さんが学童でどれぐらいの時間、画面の前で過ごしたのかを、あなたはもちろん知るべきです。その日学童で画面の前で1時間過ごしたと分かったら、家で画面を見る時間を減らすべきです。他の子と順番でマウスやコントローラーを使い、1時間ゲームをするのは、1人きりでゲームを1時間するのと、決して同じではありません――特にあなたのお子さんが主に見る側だとしたら。学童の先生に、何時間までならアクティブにゲームをさせてよいか伝えておけば、友だちとサッカーやボードゲームをするよう促してもらえるかもしれません。

デンマークでは4、5、6年生は、14時半に授業が終わる学校が多いようです。**デンマークの子どもたちは、4年生ぐらいになると、学童に行かなくなり、自分で放課後の過ごし方を決めざるをえなくなります**。例えばお子さんが放課後、決まった時間にクラブに行くとあなたに言うなら、まず何より、お子さんのことを信じてあげるべきです。**お子さんを監視するようなアプリをインストールするのはやめて、できるだけ早く、仕事から帰るようにしてください。帰宅途中の買い物はあきらめ、早く家に帰って、お子さんを連れて買い物に行きましょう**。または**週に数回、まとめ買いするようにしましょう**（この時も、子どもを連れて行くとよいでしょう）。買い物は強制でなく、楽しいからいっしょにするものであるべきです。子どもから詮索されているとか、支配されていると思われないよう、心の底から好奇心と関心を持ちましょう。お友だちを連れてきたら、部屋にジュースや紅茶、野菜スティックやポップコーンを持っていってもよいですし、映画鑑賞やボードゲームなど、いっしょにしようと誘ってみてもよいでしょう。そうすることで、お友だちはほぼ間違いなく、あなた方の家を訪ねるのを心地よく思うでしょう。子どもというのは、好き放題に遊べる場所で遊ぶより、自分たちの生活を見守り、何がよくて何がよくないかジャッジし、大人特有の退屈な道徳と支配力を振りかざさずに、関心を示してくれる大人と過ごすのが好きだからです。親は過度に陽気に振る舞う必要はありませんが、好奇心を持ち、情報提供者の役割を果たし、サービス精神もちょっぴり持つとよいでしょう。

子どもの年齢が上がれば上がるほど、日々の習慣に変化をもたらすような新しいルールは取り入れにくくなります。そのため、**幼い時分に、よい習慣を身につけさせることが大事です**。子どもが自分自身の境界線《ボーダーライン》や反応を知ることも重要です。例えば、どれぐらいの間ならストレスを感じたり、気分が悪くなったりせずに遊べるかなど。中学1年生になってから電子機器の利用についてルールを設けるのには、かなり骨が折れるでしょう。子どもたちは中1になって急にゲーム中毒になるのではありません。長い年月をかけ、じわじわとゲームに蝕まれていくものなのです。

➡ P173
重篤なゲーム中毒にかかった場合、電子機器についてのルールをどう定め、ゲーム中毒にどう立ち向かえばいいかは、**第5章 子どもがゲームをしたがる理由を知ろう**を読んでみてください。

夕食中

1日の最後にとる食事である**夕食は、朝食と同じぐらい大事です**。もしも親が夕食の時間を楽しくしようとちゃんと努力しているなら、家族は1時間半でも、ありとあらゆる興味深いトピックについておしゃべりし、議論することでしょう。**親は子どもたちに、「あなたたちと話すのは楽しい」という思いを示さなくてはなりません。そのためには、食事中に携帯電話やコンピュータを取り出すことは絶対してはなりません**。心地よい雰囲気を作るのに必要なのは、80％はヒュッゲ（注：団欒時の心地よさ、温かみ）で、20％は食事です。親は食事中、子どもに指図するのをやめるべきです。食べる時にクチャクチャ音を立ててはいけないとか、口に食べものを入れたまましゃべってはいけないとか、椅子に静かに座っていなくてはならないとか知らされるのは、子どもたちにとっても心地よいことではありません。そんなことをされようものなら、ヒュッゲで明るい雰囲気は、たちまち暗くなるでしょう。食事中に、「今日は誰といたの？」「誰かと遊んだの？」「国語の授業で何を学んだの？」などと、あれこれ質問するのもやめましょう。よかれと思って聞いていても、子どもたちはそんな遅くに、疲れているのに、質問責めに遭うのに耐えられません。まずはその日1日、何があったかや、南の国の物語や笑い話を聞かせてやりましょう。**親が楽しい話をし、食事の時間を諍いのない心地よい時に変えれば、子どもたちはきっと夕飯をいっしょに食べたがるでしょう**。

寝る前

ベッドに入る1時間前には、電子機器を全てどこかにしまいましょう。画面から発される青い光は脳に、朝が来たという錯覚をさせ、私たちに眠いと思わせるプロセスをストップさせてしまいます。子どもたちに特に強いストレスがかかるような種類のゲームは、少なくとも寝る1時間前には、電源を切ってしまいましょう。そのようなゲームは、アドレナリンの生成を促し、体を落ち着かせるのとは逆で、体に闘争や逃亡の準備をさせます。これはホラー映画にも当てはまります。私はホラー映画は子どもに一切見せないよう勧めるようにしています。少なくとも寝る前は、絶対に見せないでおきましょう。

知っていますか?

寝室にテレビや他の電子機器が置いてある子どもの睡眠時間は概して短いことが研究により分かっています。これは夜の睡眠と昼寝のどちらにも当てはまります。(出典:Pediatrics、2016年10月)

私たちが課題に注目し、意識を集中させることで、脳のβ波が増加します。**1時間か2時間集中したら、一度頭を休める必要があります。**それではじめて、再び集中し、新たな知識を吸収することができるのです。私たちがリラックスする時（例えば散歩に行ったり、掃除をしたり、昼寝したりする時）、脳が活性化され、α波が増加し、新たな印象や情報が処理され、〝格納〟されます。テレビを見ると、脳内のα波が活性化されることが、調査によって度々示されてきました。例えば宿題や仕事など**集中力を要する活動を一休みしたい時や、就寝前、くつろぎたい時にテレビをつけると、脳内のα波が活性化されます。**

テレビの映像が突然切り替わったり、突然、音が鳴ったりすると、リラックスとは逆で、警戒心がかき立てられます。ホラー映画を見た時の感覚を思い出してみてください。幼い子どもは、特に大きな衝撃を受けます。5歳ぐらいから、テレビを見ることで心を落ち着かせられることもありますが、それもあらかじめどんな内容か分かっているものや、ストーリーが複雑でなく、テンポが穏やかなものに限られます。**電子機器からの光は、睡眠に悪影響を及ぼします。テレビを見せる代わりに、読み聞かせをしてやるとよいでしょう。**

➡ P111
子どもに読み聞かせするのがよい理由については、**第3章 デジタル世界の幼い子どもたちの、読み聞かせ、オーディオブック、電子書籍**をご参照ください。

移動中

今から嫌なことを書きます。**車や飛行機の中、海やレストラン、ホーム・パーティーや子どもの誕生日に、子どもに電子機器を使わせるべきではありません。**たくさんの子どもたちがあらゆる場所で電子機器に接する機会のある現在では、子どもたちが電子機器を使ってしまう元凶は、親である場合も多いでしょう。旅行中、「今から君たち親も休むんだよ」と友人から言われ、罪悪感を覚えながらも、子どもたちの手にタブレットを持たせた覚えはありませんか？　タブレットを持たされた子どもたちはたちまち大人しくなり、大人たちはその間にリラックスし、大人同士の会話ができるでしょう。そして飛行機や車での旅行は、子どもたちが電子機器に夢中になってくれることで、楽になるでしょう。

それでも電子機器を家に置いていく理由は、十分あります。

❶ 外に出て、何かしようとしている時（例えば海岸を散歩したり、スーパーに行ったりする時）、電子機器があったからといって、必ずしも楽しみが増すわけではありません。画面がなくても、何かしら起きますし、見るべきこと、話すべき相手はたくさんいるでしょう。

❷ 電子機器があることで、子どもといっしょに満ち足りた時間を過ごすチャンスを逃しかねません。長いドライブ時間は、あなた方がおしゃべりしたり、重要な対話をしたりする絶好のチャンスです。ドライブ中、娯楽がほしければ、いっしょに楽しめそうな音楽をかけるなどしましょう。10代の頃に聴いていた音楽を紹介してもよいでしょうし、共通の関心事を話題にしたポッドキャストを聴くこともできます。オーディオブックをいっしょに聴いてもよいでしょう。

❸ 外出先でいつも携帯電話やタブレットをのぞき込んでばかりいると、社会性が養われません。世間話をしたり、知らない人の前でどう振る舞うべきかを学べない恐れがあります。同時にお子さんは実際、必ずしもそう思っていなくても、他の人と遊んだり、話したりするのに関心がないという信号を周りに送ってしまうのです。

よいお手本になろう

人間が最初に習得するコミュニケーションは、非言語《ノン・バーバル》コミュニケーションです。子どもはかけられた言葉を理解できるようになる前に、周りの人の行動の意味を理解し、真似るようになります。親であるあなたは、お子さんの大事なお手本です。言語《バーバル》コミュニケーションを習得した後も、あなたの行動をお手本にすることに変わりありませんし、大きくなって独り暮らしをはじめるまで――時には家を出た後も、続きます。**あなたのお子さんはあなたが発した言葉でなく、あなたの行動を主に真似る**ということを、特に覚えておいてください。お子さんに、丁寧な言葉遣いをするよう言う代わりに、丁寧な言葉が自然と出てくるような家庭環境を心がけましょう。あなたがお子さんに携帯電話ばかり使わず、家族とコミュニケーションをとるよう望むのであれば、あなた自身がロールモデルになる必要があります。**食事中に携帯電話やタブレットなどを見てはならないのであれば、親であるあなたの携帯電話やタブ**

レットなども見えないところにしまう必要があります。お子さんにソーシャル・メディアにあれこれ個人情報をアップしないよう望むのであれば、あなた自身がまずそれをやめるべきです。

人間を育てようとする前に、自分自身を人間に育てよ

ジャン＝ジャック・ルソー

自分ができていないことをお子さんに課すことで、あなたは矛盾した2つの信号を一度に送り、子どもたちを混乱させてしまいます。あなたはひょっとしたらお子さんに夕飯を食べながら携帯電話を見てはいけないと言うかもしれませんが、あなた自身がメッセージやメールが来ていないか、電話がかかってきていないかチェックしていませんか？　するとお子さんはあなたのことを横暴とか、ダブル・スタンダードの持ち主と捉え、意見を尊重する気が起きなくなるでしょう。生クリームたっぷりのケーキを頬張りながら、健康的な食事をするよう言っても、お子さんがそれを真剣に受け止めるのは難しいように。喫煙など、**あなた自身がなかなかやめられないことを、お子さんにやめるよう注意を促したい時は、正直に話すのが一番の得策でしょう。**「タバコは健康によくないのに、お父さん／お母さんはついはじめてしまって、やめられなくなってしまった。自分は浅はかだった」とお子さんに正直に伝えるのです。そうすることで、お子さんを無駄に混乱させずに済みます。

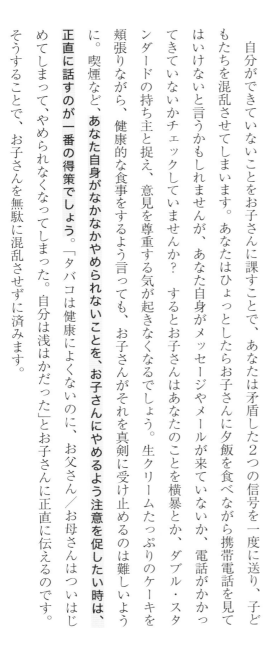

知って
いますか？

2016年のアメリカの調査に参加した子どもの大半が、**親も食事の時に携帯電話を出すのをやめるなど、ルールに従ってほしい**と答えました。回答した親の大半が、子どもと大人に異なるルールが適応されていること自体は、問題だと思っていなかったのに対し、子どもたちの多くは、そのことをダブル・スタンダードと捉え、不信感を覚えていました。さらに**子どもたちは、家族で電子機器の利用についてのルールを定め、皆がそのルールに従うようにすれば、自分たちもルールを守りやすくなると言っていました。**

（出典：Hiniker、2016年）

責任をとろう

子どもと言いたいことを言い合うことは、時に必要であるにもかかわらず、多くの親がストレスを感じるあまりそれを避け、子どもたち自身に自分の人生について決めさせようとします。そうして子育ての責任を放棄し、子どもに押しつけてしまいます。それで、よいわけがありません！　**子どもを持つ選択をしたなら、子どもをしつけ、健康的で陽気で、自立した存在に成長させるよう後押しするのが親の義務であり、責任です**。子どもは遠い未来のことまで見据え、考えられませんし、与えられた基礎的な知識を元に、決断を下すこともできません。それは単に子どもの脳がそこまで成長しきっていないからです。一方、私たち大人は、自分たちが下した選択が、どんな結果をもたらすのか、十分考えることができます。**物事が悪い方向に進んだ時、責任をとるべきなのは、子どもではなく、親なのです。**

臨床の事例

Clinical case

私はつい最近、**起きている時間、ほぼずっとゲームをしている13歳の男の子**の相談にのってきたところです。その子の親は他の選択肢を何度も与えてきたけれど、本人がやりたがらなかったと言っていました。今ではその男の子の妹までゲームをするようになったのですが、両親に言わせると、それは兄であるその男の子の習慣が妹にうつったのだそうです。このようにしてその親は、多大な責任を13歳の少年に負わせたのです。男の子は孤立している責任を負わされただけでなく、自身の悪習がきょうだいにうつった責任まで負わされたのです。最悪の場合、男の子は罪悪感と敗北感を覚えることでしょう。**親は責任を負うのは自分だと理解することが大事です。妹がゲームをはじめたのは、兄の習慣が妹にうつったからでなく、親が1人目の子どもだけでなく、2人目までもコントロールできなかったからなのです。**

今の親はかつての親より、はるかに優柔不断で自信がありません。そのため、子どもたちは親を頼りにしたり、その決断を信頼したりするのが難しくなってきています。子どもたちはどれぐらいの影響が及ぶか自分たちでは計り知れない多くの事柄について、決断を迫られるようになってきています。幼稚園や保育所の送迎の時に、「パパ、もう仕事に行っていいかな?」と父親から聞かれている子もいるかもしれませんが、父親が仕事に行くか行かないかは、子どもの意思とは関係ありません。そんな質問をする代わりに、「仕事に行くよ」と単純に伝えればいいのです。仕事に行くことは、もう完全に決まったことなのだと明示することで、お子さんを安心させられるでしょう。また、「どうやったら家庭をいい雰囲気にできる？」とか、「今より安い家に引っ越しをしたらお金に余裕ができるのだけれど、引っ越そうかどうしようか？」などと聞かれる子どももいるようです。**子どもには分かりえないことを、あれこれ聞かれることで、子どもたちにストレスがかかり、心が不安定になりかねません。**

一部の親は子どもの良心に働きかけて、例えば「運動して」とか、「健康的な食事をしなさい」とか、「早く寝なさい」とか、「早めに宿題をしなさい」などとプレッシャーをかけます。確かにじっくり説明してやることで、お子さんがこう言ってくれることもありえます。「よく分かるよ。説明してくれてありがとう！　もう二度と文句は言わない」ですが同時に親は、責任の一部を、子どもにある意味で転嫁することにもなるのです。悪い方向に転んだ時、親はこう言えるのですから。「ちゃんと歯磨きしないと、虫歯ができるって言ったでしょう」ですが、それは子どもの責任ではありません。歯を磨かなかったり、健康的な食事をしなかったり、十分な睡眠をとらなかったりしたことで、どんな結果がもたらされるのか考えることができるのは、私たち大人なのです。**電子機器の使いすぎによってどんな結果がもたらされるか予測できるのもまた大人です**。どうしてゲームをずっとしていてはいけないのか、どうしてＦａｃｅｂｏｏｋのアカウントを持ってはならないのか、どうしてお友だちと物理的にもいっしょに過ごすことが大事なのかを、子どもたちは必ずしも１００％理解する必要はありません。お子さんに知識を与えるため、あなたはもちろん、一、二度、説明できますが、火に油を注いでしまいそうだったり、子どもに決断を認めさせたり、決定に従う責任を負わせようとしては絶対にいけません。**子どもが嫌がる決断を時に下し、それに従うよう導くのは、親であるあなたの責任なのです**。あなたのお子さんは、あなたに「馬鹿」とか、「むかつく」などと言うかもしれません。あなたはこんな時、子どもたちの苛立ちを寛容に受け止める度量を持つべきです。

Få styr på dit barns digitale verden

Chapter 2

この章からあなたが学んだ5つのこと

❶ あえて子どもとぶつかり、諍いに対処する術を学びましょう。

❷ 〝デジタルおしゃぶり〟を使うのはやめましょう。ドライブ中も、旅行中も、外食時も。

❸ 電子機器の利用時間について、明確なルールを定めましょう。ゲームを子ども1人でさせるのは、日に最長でも2時間までにしましょう。

❹ 朝と寝る前1時間はテレビもコンピュータも一切、使わないようにしましょう。

❺ 子どものよいお手本になりましょう。そして子どもに命じたルールを、あなたも守りましょう。

Få styr på dit barns digitale verden

Chapter
3

第3章

デジタル世界の幼い子どもたち

この章に書かれていること

- □ デジタルの遊びと体を使った遊びとの違いを理解しましょう。
- □ 受動的な娯楽に興じてばかりでなく、時に退屈することも覚えさせましょう。
- □ 子どもに1人の時間を与えましょう。
- □ 子どもの社会性を育みましょう。
- □ 読み聞かせを習慣化させましょう。
- □ 子どもの年齢に応じ、タブレット、携帯電話、ゲーム、ソーシャル・メディアの使用を制限しましょう。

テクノロジーの急速な発展に、多くの人がついていけなくなってきています。またデジタル世界における子育てはどういうものなのか、一概には言えなくなってきています。スマートフォンが普及したり、Ｗｉ‐Ｆｉ環境が整備されてきたりしたことにより、互いにいつでも連絡がつくようになりました。家計管理や、情報収集、友人との連絡や、ネットワーク作りに、インターネットが大いに活用されています。ですが、**私たちが1日に何度ものぞき込んでいるそれらの画面について、幼い子どもはどう思っているのでしょうか？　大人がたくさん時間を費やしているのだから、きっと大切なものに違いないと子どもたちが思うのも、無理はありません。**

知って
いますか？

デンマークでは**タブレットを所有する家庭の割合**は、**２０１１年**の時点でわずか**９％**でしたが、**２０２１年**にはこの数字は**59％**にまで上っています。**スマートフォンの所有率**もこの期間に、**33％**から**90％**にまで増えました。（出典：デンマーク統計局）

幼い子どもは、携帯電話やリモコンが何に使えるか理解できるようになる前に、それらに関心を持ちます。ごく幼い時期に、子ども向けアプリでスワイプ、ズーム、タップといった操作を身につけます。幼い子どもが電子機器を見事に使いこなすのを目の当たりにすると、多くの親は感嘆しますが、実際、それは必ずしも喜ぶようなことではないかもしれません。タブレットでスワイプやズームなどができるチンパンジーの動画が、YouTubeでいくつも公開されています。それと同じことを幼い子どもができるからといって、必ずしも賢いとか、テクノロジー能力に秀でているとかいうわけではありません。むしろそれは、子どもがタブレットに多くの時間を費やしている証拠と言えるのではないでしょうか。

幼い子どもとその親がデジタル・メディアを使う際、落とし穴が2つあると私は考えています。子どもたちはデジタル・メディアを使う際、あまりに多くの情報を受け取る一方、対話や交流はほとんど行えません。幼い子どもは退屈した時、自分から周りの世界について知ろうとする必要があると同時に、親からの注目も必要とします。**たとえ常に親がそばにいても、携帯電話や他の画面に気をとられていたら、子どもたちは周りの世界について知ることも、親から注目されることもできない危険性があります。**

幼い子どもには、自分たちの社会生活や学び、幸福に、テクノロジーが長期的にどんな影響を及ぼすのか、予想できません。遠い未来について思考を巡らせられるほど脳が発達するのは、20代半ばになってからです。なので、**子どもたちのためになるような正しい決断を下す責任を負うのは、私たち大人であって、子ども自身では決してありません。**

バーチャルな遊びと体を使った遊び

子どもは自然と遊び出すものです。**遊びは、空想力と思考力との両方を育むのに、とても大きな役割を果たします。**親は子どもに遊び方を教えようとすべきではありませんが、子どもが遊ぶ能力を育む邪魔をしてもなりません。子どもは1人遊びを楽しむことで、その日、またはその週、得た印象を処理できるようになります。子どもは人形やぬいぐるみ、おもちゃの車を使って、ごっこ遊びをしますよね。**子どもは1人で遊ぶことで、空想の世界につかの間、入り込み、〝現実〟の生活を休むことができます。**また子ども同士で遊ぶことで、互いに協力し、歩み寄り、ともに物語を作ることを学ぶのです。遊びは対話や議論を通し、発展していきます。**子どもたちは他の子と遊ぶことで、諍いをどう収めるのかも、学ぶのです。**

知覚と運動

今の子どもはタブレット上で、人形の服を着替えさせたり、塔を建てたり、絵を描いたりできます。様々な種類のおもちゃ遊びを疑似体験できるアプリもたくさんあります。子どもたちは画面上であろうと、積み木遊びをしていることに変わりはないと言います。ですが、同じではありません。私には、なぜ多くの親がバーチャル上のおもちゃと実際のおもちゃとが、子どもの発達に同じぐらいよいと思えるのかが理解できません。研究結果が示されないと、**バーチャル体験と現実の体験は同じではない**と本当に認識できないものでしょうか？

おもちゃをケーキに置き換えて少し考えてみると、いかに私が当たり前のことを言っているか、分かるでしょう。バーチャルのケーキは、本物のケーキのように味はしませんよね？　本物のケーキはよい匂いがしますし、おいしいですし、崩れたり、倒れたりしますし、触ると指がべとべとになります。バーチャルのケーキは、どんなに本物そっくりでも、様々な知覚的体験はできません。ごく小さな子どもは遊ぶ時、知覚を通して世界のことをたくさん知ります。あるものについて色々調べ、試すことで、子どもはそのものが落ちたり、倒れたり、揺れたり、引っ張られたりするものと知ることができるのです。子どもはまた口にものを入れたり、机や鍋や足にものをぶつけたりすることで（ぶつけると、色々な音がします）、物質がどのような素材でできているか知ることができます（木でできているものは、金属でできているものより温かくて、柔らかいとか）。体を使った遊びは、様々な役割を果たします。**体を動かし遊ぶことで、運動能力が発達しますし、世の中にあるものの形や色、素材についても知ることもできます。**

知って
いますか？

英国の小児科医、作業療法士が、画面を利用することで子どもの手先の発達が遅れるという見解を発表しました。最近では、小学校に入学する頃にまだ鉛筆が握れない子どもが増えてきています。

（出典：ガーディアン紙、２０１８年2月25日）

体を使った遊びをせずに、画面を使った遊びばかりするようになると、体はある意味、いらなくなってしまいます。積み木をはじめ、座った姿勢でする遊びも、デジタル画面を使った遊びより体を使います。子どもは例えば立ち上がったり、ブロックで作ったタワーの周りを歩き回ったり、積み木をつかもうとおもちゃ箱に手を突っ込んだり、高く積み上げた積み木が倒れて遠くに飛んでいった時、とりに行ったりできます。ボール遊びや鬼ごっこといった遊びでは特に、体をたくさん動かしたり、他の子と触れ合ったりします。脳や体の適切な発達のためには、そういうことが必要なのです。睡眠や集中や運動能力の発達にも、それらは欠かせません。

外遊びを毎日させましょう

子どもはじっとしていられないものです。いいえ、じっとしているべきではないのです。子どもが遊びまわり、笑い転げられるようにしなくてはなりません。お子さんがあなたといっしょに、またはあなたがいなくても、**外に出て、体を動かす機会を作りましょう。**ランニングやトレーニングなどではなく、ただの普通の遊びでよいのです。

画面を使った遊びばかりするようになると、体を活発に動かさなくなります。すると**脳の動きも鈍くなります。**これはデジタル画面だけでなく、子どもがボタンを押すことのできるあらゆる種類の電子機器に言えることです。普通のおもちゃより、子どもたちにたくさんのことを教える目的で売られているおもちゃやアプリの方が、学びが少ないことが研究で分かっています。実際、**普通のおもちゃを使う機会が少なければ少ないほど、子どもは脳を使わなくなる**ことも分かっています。子どもの学びを効率化しようとしても、逆効果です。子どもの脳は、物事を1人で落ち着いて調べ、動き、他者と触れ合い、眠ることで、最も発達するようです。子どもたちには余計なインプットは必要ありませんし、たくさんの音や色もいりません。形が変わらなくたって、全く構わないのです。

知って
いますか？

0〜2歳の子どもが認知能力、情緒や言葉、運動能力を発達させるためには、信頼する人と関わり、世界について知る必要があります。デジタル・メディアから何かを学ぶためには、画面上で起こっているものをいっしょに見ては、〝翻訳〟してあげる大人が必要です。米国小児科学会は、**0〜2歳の子どもにはデジタル画面を一切使わせない**よう（ビデオ・チャットは除く）、**5歳未満の子どもにはできれば大人といっしょにデジタル画面を使わせる**よう、また**画面の前にいさせるのは、1時間以下にする**よう推奨しています。

フラストレーションと成功体験

幼い子どもは、新たなことを習得し、上手になろうという意欲に常に満ちています。はいはいしたり、立っちしたりしようとして、うまくいかないのは辛いことですし、フラストレーションが溜まるものですが、それでも果敢に挑戦し続けます。ようやく成功すると、素晴らしいコンサートを聴きに行った時のような満ち足りた気分になります。これは**脳からドーパミンが分泌されるからです。**

知って
いますか？

ドーパミンは様々な機能を持つ脳の信号物質です。私たちが何かに成功した時、または成功しそうになった時などに、ドーパミンは分泌されます。子どもが歩けるようになった時、何かに成功しそうになった時、転びそうになって持ちこたえた時などにも、これは分泌されます。ドーパミンは子どもたちのやる気を引き出し、チャレンジを続けさせます。子どもが第一歩を踏み出すことに成功すれば、たくさんのドーパミンの報酬を得られます。ドーパミンの分泌量は、子どもがそれをコントロールできるようになると、減っていきます。

子どもがチャレンジ精神をかき立てられ、目標を果たすため、ほんの少し努力できるようにすることが大切ですが、**目標は子どもが無理なく達成できる範囲に定めなくてはなりません**。お子さんが**問題や課題を解決する間、一歩下がって見守る**ようにしましょう。目標が少し背伸びしないと果たせないものの場合、子どもは文句を言うでしょう——それは全く問題ありません。あなたがお子さんにとって達成可能な目標を定めても、お子さんはその課題に取り組んでいる間、文句を言ったり、不満そうにしたりすることでしょう。お子さんの不満が、最終的に自信を持ったり、物事を達成するために努力する勇気を持ったりできるようになるという成功体験に変われば、万々歳です。

携帯電話やタブレットのゲームの多くは、脳にドーパミンを分泌させるよう設計されています。ゲームでドーパミンという報酬物質を得るのは、はいはいできるようになったり、歩けるようになったり、話せるようになったりすることで得るより、容易です。ドーパミンは、砂糖やアルコールや多幸化薬とちょっぴり似た麻薬性を帯びていて、一度覚えると再び味わいたくなるものです。あなたがほ乳瓶に、コカインをたとえほんのわずかでも入れようとしないのと同じように、**お子さんを画面の前に座らせるのは、やめましょう**。お子さんのそのような欲求を満たさねばならない理由はありませんし、**画面に気をとられ、せっかくの学びの機会を逃してしまうリスク**があります。

画面は遊びや学びを阻害しうる

子どもの脳は常に発達途上で、集中力を保つ能力も、大きくなるにつれ育まれていきます。赤ちゃんは集中力を保つことが全くできず、例えば光や音といったちょっとした変化で、注意力がそがれがちです。そのため、画面からの印象を、全て受け取る必要性は全くありません。積み木を並べることで受ける印象で、十分です。**画面はストレスの原因となりえますし、子どもの注意をおもちゃからそらし、子どもと親との関わりを妨げる危険性があります**。

知って
いますか？

２０１４年の調査で、**小さな子どもがおもちゃで遊びながらテレビを見た場合**、画面から急に音や大きな声がしたり、光がちかちかしたりすることで、注意がそがれ、**おもちゃに意識が向かなくなる**傾向にあることが分かりました。**テレビのながら見によって、親子の関わりの質と量との両方が阻害される**ことも分かっています。(出典：Ｃａｎｔｏｒ ｏｇ Ｃｏｒｎｉｓｈ、２０１６年)

保育所に通う年齢の子どもは、長時間、特定の物事に注意を向ける能力が、徐々に発達していくことが分かっています。6~8歳ぐらいになると（女の子よりも男の子の方が、2~3年遅い）、大半の子が45分間、静かに座っていられるようになります。**45分を超えると、子どもの集中力が切れ、落ち着きを失い出す**かもしれません。あなたが何か言おうとしても、そわそわして耳を貸さないのは、実はあなたに協力しようとしているからかもしれません。**そわそわして体を動かすのは、集中力を研ぎ澄まし、集中力を保つ効率的な方法です**。あなた自身も、相手の話が耳に入らなくなったり、眠くなったりした経験があるに違いありません。そんな時、あなたは集中力を保ち、目を醒ますため、シャープペンシルをかちかち鳴らしたり、椅子をがたがたさせたり、何か食べたり、飲んだり、頭の地肌をマッサージしたり、ありとあらゆることをしたのではないでしょうか。子どもも集中力を保つために、同じようなことをする場合が多いです。

知って
いますか？

幼い子どもが落ち着きがなく、すぐに注意力散漫になるからといって、必ずしもADHDとは限りません。単に脳が発達段階にあるだけかもしれません。お子さんがADHDでないか心配しているなら、次のことをするようお勧めします。

❶ **お子さんをゲームから1時間、離しましょう。**ゲームはADHDに似た行動を引き起こす原因になることが分かっています。

❷ **お子さんの睡眠リズムを整えるようにしましょう**――大事なのは、新鮮な空気、お日様の光、運動、さらに寝る前1時間は画面を使わないことです。

❸ 子どもの心に寄り添い、あなたが**お子さんの生活リズムを整える責任を負う**という意思を示しましょう。

ゲームなどをして、画面を頻繁に使っていると、脳が刺激されます。長時間集中しているのが難しく、すぐに落ち着きを失う子も、画面の前では何時間も完全に没頭して座っていられるかもしれません。ならば、画面は子どもの集中力の改善に繋がるのでしょうか？　残念ながら、そうではありません。様々な調査により、**ゲームをすることで、子どもの集中力に問題が生じる**ことが分かっています。1日に何時間もゲームをすると、様々な支障が生じるようになるでしょう。そういう子どもたちは、情報が少しずつしか入ってこないと、集中力を保つのが――これは学校の学習全般で必要とされる能力です――難しくなるのです。

P179 ゲームと集中力の問題については、179ページに詳しく書いています。

子どもは退屈する必要がある

幼い子どもは、たくさんの新たな知覚情報や印象に、常にさらされています。子どもたちは自分について、また周りの世界について学びはじめます。時間がゆったりと穏やかに流れる場所では、自分自身と世界について知り、本を読み、おもちゃを口に入れ、空想しながら、過ごすことができるでしょう。

親であるあなたが、お子さんに四六時中、注意を向けることができなくても、罪悪感を覚える必要はありません。そして子どもを退屈させないために、手を尽くす必要もありません。**子どもは退屈することで、何かにチャレンジしようという意欲や創造力が湧きます。**理性があるかないかぎりぎりの年齢の子どもが、ソファを滑り台代わりにしたり、リビングのクッションやカーペットに穴を開けたりしても、寛容に受け止めることが大切です。**大人は常に遊びに加わる必要も、ずっと子どもの遊びを見守る必要もありません。必要な時にいつでも助けを求められるようにしておけばいいのです。**

娯楽と要求

ほんの10〜15年前までは、ＹｏｕＴｕｂｅはありませんでした。デンマークにはＮｅｔｆｌｉｘも、国営放送のオンデマンド・サービスもありませんでした。番組を見たければ、録画するか、放送時間に家にいなくてはなりませんでした。**今では、都合のよい時、いつでも、どんな番組でも見ることができます。**それは子どもにも当てはまります。大半の

ストリーミング・サービスには、子ども版があります。子どもはタブレットやスマートTVの使い方を、すぐに習得し、例えば『ペッパピッグ』を全話、一気に見られます。

知っていますか？

2021年、デンマークの**70%**の家庭がスマートTV（注：インターネットに接続できるTVのこと）を、**59%**の家庭が**タブレット**を所有していました。（出典：デンマーク統計局）

放送時間に左右されずに済むのは、もちろん素晴らしいことですが、そこには気を付けなくてはならない落とし穴もあります。私がいつも最も気を付けて見ているのは、以下の2つの点です。

❶ デジタル画面上の娯楽に子どもが過度に刺激を受け、それにより脳がストレスを感じ、睡眠や学習に問題が生じるなどしていないか。

❷ 親が楽をするための〝デジタルおしゃぶり〟として、デジタル画面が使われていないか。そうなっている場合、子どもが諍いへの対処の仕方を学べない、親と十分な関係を築けないといった社会的問題が生じえます。

デジタル画面上の娯楽には、基本的に際限なくアクセスできます。そのため今の子どもたちは、特有の問題を抱えがちです。私自身が子育てをしていた頃は、子ども番組は1日の決まった時間帯にしか放送されていませんでした。当時の子どもたちは、それ以外の時間帯は、大人向けの退屈な番組しかやっていないとすぐに気付き、テレビから離れて遊びはじめました。**今の子どもたちはデジタル画面で24時間、様々なエンターテインメントの中から好きなものを選び、楽しめます。**今日の子どもたちに、デジタル・メディアを見続けたいという欲求を我慢することを覚えさせたければ、**親が独自のルールを決め、それに従わせる**必要があります。かつては、こう言えばよかったのです。「待って」今の子どもは、待たなくていいと知っています。好きな時に、際限なく、子ども番組を見られることを、子どもたちは知っていて、そのことが今の親にとって頭の痛い問題になっています。

知って
いますか?

様々な調査によって、**テレビを日常的にたくさん見ている子どもは、言葉の発達が遅れる傾向がある**ことが分かってきています。テレビをたくさん見る子どもは、同じ年齢のテレビを見ない子に比べ、ボキャブラリーが少ないと同時に、言語障がいのリスクが大きくなるようです。

(出典:Cantor og Cornish、2016年)

子どもが自分で楽しむ力を育む

私はこれまで、子どもの生活のあらゆる場面に、常に立ち会い、関わるのがよい親だと考える人たちを、大勢目にしてきました。子どもが小学校でうまくやれるよう、親が認知面の成長を促す必要があると考える人も多いようです。**一部の親は、自分たちは子どもにとって、親というより、いつでも娯楽を提供するジュークボックスのような存在だと感じている**ようです。でも親というのは、そういうものではありませんし、それは子どもたちにとっても健康的ではありません。子どもは常に刺激され、監視されるべきではありません。

子どもに自分のことを自分でさせ、何時間も1人で遊ばせておくとか、子どものサッカーの練習についていく必要はないとか言うことは、現代では半ばタブーです。子どもの手にタブレットを持たせることに罪悪感を覚えないようにするのは、至難の業でしょう。ですが、**子どもに常に注意を向けていないからといって、罪悪感を抱くべきではない**と私は強調したいと思っています。**子どもは自分1人でも楽しむ方法を知るべきです**——たとえあなたが、親として子どもを常に楽しませていないと、他の人から悪い親と思われないか心配していたとしても。子どもが小学校に行く年齢になっても、あなたのことを常に引っ張り、「つまらない」と言うことで、はじめてあなたは事の重大さに気付くのかもしれません。その頃には、事態を変えるのに相当、骨が折れます。子どもは親が常に自分の思い通りになるわけでも、楽しませてくれるわけでもないということを知るべきです。**あなた自身が、親という立場以外の一個人でいられる時間を持つ**ようにし、お子さんにも、親も時々、やりたいこと、やらなくてはならないことをするのだと教えましょう。そうすることで、あなたは**親も自由な時間を持つべきである**ことや、**親子であっても互いのプライバシーや自由を尊重すべき**ということを、教えることができるのです。

子どもを巻き込もう

家事をする時、**常に子どもにお手伝いをする機会を与えるべきです**。お子さんは楽しくないかもしれませんが、そのような機会を得られるか得られないかで、家庭生活は違ってくるはずです。**親が本や新聞を読む時には、お子さんを隣に座らせ、お子さんが読んだり、ぱらぱらと眺めたりできるような本を用意してやりましょう**。それぞれ別々のことをするという姿勢を示すことが大事です。

お子さんが、常にあなたに楽しませてもらえることを期待しているようなら、その考えは改めさせるべきです。1つの習慣を変えるのに、3週間はかかると覚悟しておきましょう。まずはそう思うようになったのは、その子自身の責任ではないとあなたが認識することです。お子さんがあなたを煩わせるのは、わざとではありません。次のステップは、**あなたがお子さんとどんな風に過ごしたいかを知ること**です。不満ばかりに目を奪われ、自分の理想が何なのか考えない人が多すぎます。

退屈を自分の力で紛らわすことができるようになってほしいなら、まずは**子どもに2分間、自力で退屈を紛らわすようにさせましょう**。**子どもの遊び道具や本などを用意したら、部屋を離れましょう**。「お母さん／お父さんはキッチンに行くけど、大丈夫だからね」と告げましょう。はいはいや、あんよができる年齢の子なら、後を追いかけてくるでしょう。優しく、かつ毅然と、こう繰り返しましょう（お子さんがまだしゃべれなくても）。「今から食器を洗わなくちゃいけないから、いっしょに洗うか、他にすることを見付けなさい」お子さんに大声で文句を言われ、自分のことを駄目な親であるかのように感じるかもしれませんが、そんなことはありませんよ。あなたがお子さんに対し責任を持っているとお子さんが感じられるように、最大限の安心感を与えましょう。**3週間もすれば、あなたが部屋を出ても、お子さんは自分でやることを見付けられるようになるでしょう。まずは2、3分、1人にさせてみて、そこから徐々に時間を長くしていきましょう。最終的な目標は、1日1時間――できれば30分を2回――1人の時間を過ごせるようにさせる**ことです。

1人の時間を持つことで、子どもは自信と安心感を持てる

あなたはお子さんに1人でいられるよう教えることで、その子が少しの時間、1人で過ごせると信じていると示せます。それは**お子さんの自尊心を育む**役に立ちます。同時に、**世界は平穏でよい場所で、あなたがお子さんを24時間守る必要はないという信号を送る**こともできるのです。あなたの精神状態は、お子さんの精神状態にも影響を及ぼすので、あなたがご自身の精神を良好に保つことが、信じられないぐらい重要です。あなたの心が穏やかで落ち着いていれば、あなたのお子さんにもそれが伝わります。あなたがお子さんにとって大切なロールモデルであると肝に銘じておいてください。お子さんはあなたの行動を常に観察し、真似をします。**あなた自身がくつろぐのが得意なら、知らず知らずのうちにもうお子さんにくつろぎ方を教えはじめている**のですよ。

監視するのをやめましょう

子どもは四六時中監視されていると、不安になるものです。危険が迫っているように感じ、不安になるのです。**子どもを常に見守ろうとすることで、お子さんの脳を警戒させてしまう**可能性があります。

お子さんに1人でいることを教える際、家を離れるのでなく、部屋を出て、別の部屋にいるようにしましょう。お子さんが1人でいる時間を作る一方で、**お子さんに対し責任を持つと示す**ことも大事です。お子さんにこう言いましょう。「あなたは今、絨毯《じゅうたん》の上に横になって、とても快適そうにして、1人でもリラックスできているね。だからお父さん／お母さんは今からキッチンに食器を洗いに行くね」お子さんがまだ話せなくても、声に出してそう言うようにしましょう。子どもは話せるようになる随分前に、言われたことを理解できているものです。いつから理解できるようになるのか、正確には言えませんが、実は多くの人が思っているより、ずっと早くからです。お子さんに呼ばれたり、文句を言われたりしたら、キッチンからこう言いましょう。「聞こえているよ。今、お父さん／お母さんは食器を洗いはじめたところだよ。お父さん／お母さんはここにいるから、安心して」**お子さんがあなたを呼ぶのは、あなたがそばにいること、あなたの声が穏やかであることを確認したいから**です。または例えばおもちゃに手が届かなくて呼んでいることもあるでしょう。もし**お子さんが2、3分、呼び続けたり、文句を言い**

続けたりするなら、中に入り、様子を確認しましょう。その時、あなたが穏やかに微笑むことが大切です。そうすることで、お子さんに「心配しなくていいよ」と信号を送ることができるのです。

お子さんが1人で過ごしてくれることで生まれた時間を、ご自身のために使いましょう。あなたは後でくつろぐことができるよう、いくつか家事を終えるか、腕立て伏せをするか、ヨガをするか、新聞や本を読むかもしれません。ソーシャル・メディアに時間を使いたいなら、そうしてもよいですが、お子さんがいるのとは別の部屋でするようにしましょう。お子さんと離れる時間を持つことで、あなたの心に余裕ができ、その後、お子さんとまたいっしょにいる際、お子さんの心に一層、寄り添うことができるでしょう。

お子さんが1人で過ごせるようにする楽しいレッスン

洗濯物を干す小さなピンチハンガーを用意しましょう。洗濯ばさみでいくつか面白いものを挟み、床から手が届く高さのところにぶら下げましょう。お子さんを床にごろんとさせたら、あなたはお子さんから見えないところに移動してみましょう。この方法が優れているのは、横になってぶら下げられたものを見つめている間、洗濯ばさみからそれらを引っ張って下ろしたり、触ったり、口に入れたりできるところです。全てを引っ

張り下ろし終わると、お子さんは少し文句を言ったり、あなたのことを呼んだりするでしょう。そうしたらお子さんのところに戻り、新しくいくつか別のものをぶら下げるか、同じものを再びぶら下げるとよいでしょう。呼んでいるからといって、必ずしも助けを求めているわけではないということを覚えておきましょう。お子さんが文句を言ったり、呼んだりしているのが聞こえた時、すぐに駆けつけるのでなく、2、3分待ちましょう。そうすることで、お子さんが自力で解決策を見付けられる時もあるでしょう。

電子機器を使いすぎると不眠になる

子どもを落ち着かせるのに、テレビを用いる家庭も多くあります。**青少年の脳は、テレビを見ることで、ぼうっとする**ことがあります。これは午後にくつろぐにはよい方法ですが、知覚により得た印象に影響されやすい幼い子ども（0～3歳）には逆効果です。画面上で変化が起こる度（色、形、音など）、小さな子どもの注意は、画面に鋭く向けられます。暗い道を歩いていて、後ろからふいに音が聞こえた時、あなたがするであろう反応を子どももします。複数の調査により、**幼い子どもが画面を利用することで、睡眠障がいが引き起こされる**こと（テレビをはじめ、何らかのデジタル画面が置かれた部屋で寝る場合は特に）が分かっています。

知って
いますか？

2000年に3歳未満の子どもを対象に行われた調査により、**テレビ視聴と睡眠不足には、因果関係があることが分かりました**（夜の睡眠と昼寝の両方）。さらに生後6か月から8歳までの1800人の子どもを追跡調査した結果、**テレビを多く見る子ほど、睡眠時間が短い**ことが分かりました。**テレビの置かれた部屋で寝ている子は、特に睡眠時間が短い**ことも分かりました。（出典：Cantor og Cornish、2016年）

原始、人間の1日のリズムは、太陽の光によって決められました。**朝日から発される青い光は、脳に「起きる時間だよ」と信号を送ります**。同じように、日没時の赤い光は、「そろそろ寝る時間だよ」という合図を送り、それにより**脳がメラトニンという眠気ホルモンを作りはじめます**。昼間は日光をたくさん浴び、夜は真っ暗な中で寝るようにすれば、一番よく眠れます。いくつもの調査で、**光によって夜の睡眠が妨げられる**ことが分かってきています。実際、一番眠れないのは、ランプの光の倍以上の光を浴びた時です。蛍光灯や大半の画面からは、ブルーライトが発されます。そのため、**寝る1時間前には、蛍光灯も、テレビやコンピュータ、携帯電話やタブレットもつけないようにしましょう**。それができない場合は、ブルーライトを赤っぽくする**画面用フィルターを使う**ようにしましょう。

人は誰しも、夜の良質な睡眠を必要としています。胎児の段階から、睡眠を必要としているのです。深く眠っている間に、骨や筋肉が培われますし、夢を見ると、脳細胞は刺激を受け、活性化されます。子どもが日中に得た新たな情報や印象は、眠っている間に、脳内に〝格納〟されます。**小さな子どもにとっ**

て、世界は恐ろしいものです。なので脳がリラックスし、多くの印象を処理できるよう、小さな子には、睡眠が余計に必要です。また子どもは体が大きく成長していくため、大人より睡眠を多く必要とするものです。思春期は、脳が大きな変化を遂げる時期で、睡眠が大きな重要性を持ちます。それなのに就寝時間が遅く、夜中に目が覚めてしまう10代の若者が多いようです。２０１７年の英国の調査で、10代の10人に1人が、夜中10回以上、携帯電話をチェックしていることが分かりました。

子どもに必要な睡眠時間

【生後2～12か月】夜 9～12時間、昼 2～4時間　【1～3歳】夜 10～11時間、昼 2～3時間
【3～5歳】夜 11～12時間、昼 1時間前後　【6～12歳】夜 9～11時間　【13～18歳】夜 8～9時間

一晩眠れないと、集中力や反射神経がたちまち鈍ります。慢性的な睡眠不足により、恐怖や鬱《うつ》、自殺願望を慢性的に抱いてしまいかねません。１９９０年代後半の研究ですでに、睡眠不足により体の免疫力や機能が低下し、インスリンの分泌が減ることで体重が増加することなどが分かっています。睡眠不足に苦しむ子どもは、多動になったり、神経が過敏になったり、攻撃的になったりします。ＡＤＨＤかと思われる子どもの中には、単なる睡眠不足の子もいます。

子どもは協力することで成長する

子どもは生まれつき、社交的なものです――社交性は子どもが生き延びる上で欠かせないものですから。あなたがアイコンタクトをとり、微笑み、甲高い声で話しかけるなら、小さな子どもは大抵、あなたの働きかけに応じ、見つめ返し、微笑み、あぶあぶ答えるでしょう。子どもは成長したいと切に願いはしても、問題に1人で対処することはできません。ごく小さな子どもは、親の視線や行動を通して、自分たちの心の状態を知る能力を発達させていきます。子どもは親の視線や行動に、本能的に反応を示しますが、なぜ自分がそのような反応を示すのか理解していません。子どもはお腹が空くと泣き出しますが、何が必要なのか分かっていません。やがて親に慰められたり、食事を与えてもらったり、自分自身のことや自分の感情を知るよう教えられたりすることで、徐々に解釈したり反応したりできるようになります。**子どもが成長するには、関心を示し、親身になり、気に掛けてくれる周囲の大人の存在が不可欠です。**

子どもの心に寄り添いましょう

親に見てほしい、気持ちを分かってほしいと思った時、子どもがよくするのは〝文句を言う〟ことです。そんな子どもに、タブレットを渡せば、タブレットに注意を奪われ、自分自身の心の叫びには注意が向かなくなるかもしれませんが、**親への要求が満たされるわけではありません。**タブレットによりつかの間、注意がそらされたことで、子どもは自分が必要としていたのは、親からのまなざしや歩み寄りや愛でなく、タブレットだと思ってしまうかもしれません。

表情の意味

小さな子どもは物事の因果関係をまだ理解できません。例えばバンと大きな音がした時、あなたは音がした方に荷物を下ろそうとしているトラックがいるのを見付けるかもしれません。あなたはその音とトラックがどう関係しているかを理解し、危険が迫っているわけではないとすぐに理解することでしょう。**小さな子どもは、こういった因果関係が理解できないため、親の反応を手がかりに世界を理解しようとします。**つまり親の表情をうかがうことで、世の中での自分の位置付けを理解するのです――もしも親が心配そうにしていたり、恐怖していたりすれば、子どもは不安を感じることでしょう。大きな音がすれば、すぐに親を見つめ、警戒すべきか反応を探ります。音に驚くあまり、文句を言いはじめるか、泣き出すかもしれませんが、**親が微笑むか、「心配いらないよ」と言えば、すぐに落ち着きを取り戻す**でしょう。同じことが起きても、**親が子どもの方を見ておらず、子どもが親の表情を確かめることができないと、どう反応するのが適切か分からず、心がなかなか落ち着かない**ことでしょう。

無表情実験

アメリカの心理学教授、エドワード・トロニックにより、1975年にはじめて**無表情実験**が行われました。YouTubeで【Still Face Experiment: Dr. Edward Tronick】と検索すると、この実験動画が見られます。この動画で、**母親が3分間反応を示さないと、生後9か月の子どもがどんな反応を示すか**が分かります。動画の冒頭部で、母親と子どもは遊んだり、コミュニケーションをとったり、くつろいだりと活発に交流しています。ですが突然、母親が子どもから顔を背け、再び顔を向ける時には〝無表情〟で――つまり、子どもの真似をしたり、反応を示したりせずに、目線を合わせ、静かに落ち着いているよう指示が出されます。子どもは変化にすぐに気付き、はじめ、リラックスしたまま遊びや**コミュニケーションを続けようとします。**うまくいかないと、指を差し、「ダー」と言います。それでも**母親が反応を示さないと、大きな声で叫び出しました。**それでも反応がなかったので、**子どもは泣き出しました。**これらは全て、ほんの3分間の出来事です。**3分後、母親が普段通り、コミュニケーションをとると、子どもはすぐにけろっとし、落ち着きを取り戻しました。**

この実験は今では非倫理的と見なされていますが、実験が行われる以前は、**小さな子どもが養育者と活発に関わろうとする**とは知られていませんでした。当時は、子ども研究があまり行われておらず、大人が自分自身の子ども時代を振り返り、きっと今の子どももこうだろうと考えたり、小さな子どもの成長についての専門家の理論を基に類推したりすることで、幼い子どもについて理解がなされてきました。この分野について私たちが知識を得られたのは、無表情実験をはじめとしたエポックメーキングな乳幼児研究の賜物《たまもの》なのです。

お子さんと散歩に行く時、あなたが携帯電話をのぞき込んでいると、アイコンタクトがあまりとれず、お子さんの反応に気付きにくくなるに違いありません。子どもの目には、あなたの顔は、周囲の世界に反応しない、無表情な石像のように見えるでしょう。そのため子どもはあなたの表情を頼りに、反応を示すことができません。ニュースフィードをスクロールしたり、メッセージや記事を読む時、あなたの顔は無表情と真剣な表情を行ったり来たりするでしょう。これらの表情は、他人のことなど完全にどうでもよい人や、鬱の人のそれに似ています。親が子どもに対して反応しなかったり、表情がいつも乏しかったりすると、子どもの成長に害を及ぼしかねません。

子どもが少し文句を言ったり、こっちを見てと時折、呼びかけたりするのはおかしいことではない、と心に留めておいてください。むしろ心配すべきなのは、子どもが親と〝話す〟機会を全く得られない時です。研究により、子どもはいくら親から拒絶されても、親子関係を築こうとすることが分かっています。ある時期になると、子どもは泣いたり、怒りを表現したりしはじめますが、訴えかけても効果がなければ、あきらめて、哀しみを表現しはじめます。ですが少しすると、またトライしようとするでしょう。それがあまりに長く続くと、子どもは心の重荷に耐えられなくなり、自分の世界に閉じこもったり、指しゃぶりをはじめたりすることも、しばしばです。研究により、このように親から愛情を示してもらえないと、心拍が上がったり、ストレスホルモン、コルチゾールが多量に分泌されたり、脳の特定の部分の細胞が死滅したりすることが分かっています。子どもがあきらめてしまうのは、精神が蝕まれはじめている証拠です。助けを求めるのをやめ、自分自身の〝声〟を疑いはじめているのです。自分のことを守り、道を示してくれる大人がいるかどうかに自分の生存がかかっていることを子どもは本能的に知っているので、親や養育者を少しでも楽しい気分にさせようと果敢にチャレンジし続けます。

子どもといっしょにいる時、携帯電話を手元に置くのをやめましょう

私は子どもと常にいっしょにいなくてはならないと感じている親を目にしてきました。そういう人たちはそう感じつつも、**世の中の流れについていくため、携帯電話やタブレットを手に持ちます**。お子さんといっしょにいても、あなたの意識が携帯電話などの画面に向いているなら、お子さんはあなたの心がどこかにいってしまっていると気が付くでしょう。**メールやSMS、Facebookの通知で、あなたの気が常にそぞろなら、あなたとお子さんのコミュニケーションは断たれ、心が通わなくなるでしょう**。お子さんとのささやかだけれど素晴らしい体験をいくつも見逃し、携帯電話を端にやっていた場合よりも、お子さんのことを知ることができなくなるかもしれません。最悪、子どもに、「親は自分より素晴らしいことを優先しているんだ。自分は素晴らしくないんだ」と感じさせてしまいます。**お子さんと同じ部屋にいても携帯電話が手元にあるのなら、部屋を30分離れるより、親子の真のコミュニケーションがなされないまま、時が過ぎてしまう**こともしばしばあります。

あなたは本や新聞を読んだり、編みものをしたりする途中で、当然、時々顔を上げるでしょうが、携帯電話をいじって座っている時に、目線を上げることはほぼないでしょう。あなたが携帯電話をいじっ

ている時、あなたが何をしたいのか、お子さんには分かりにくいでしょう。携帯電話をいじることは、家族の幸福のために不可欠でしょうか？　携帯電話をいじるのはそんなに心地よくて、楽しいですか？　**編みものをしたり、新聞を読んだりと、明らかに意義があり、何をしているか端から見て分かりやすいことをするようにしましょう。**周りからあまりよく見えない携帯画面をあなたが1時間に何度もチェックするのを見た子どもは、こう考えるでしょう。「携帯電話がそんなに大事なら、僕／私も早く使えるようになりたい」小さな子どもが携帯電話に似たものなら何にでも手を伸ばすなら、それは電子機器に生まれつき興味があるからでなく、親の行動を真似しているに他なりません。

あなたは子どものお手本です

親は子どもが真似する対象であり、お手本です。**お子さんは、あなたから認められたい、あなたに誇りに思ってほしいと願っているはずです。お子さんは常にあなたを観察し、あなたの真似をする**ということを、どうか心に留めておいてください。

お子さんといっしょにいる時には、携帯電話をのぞき込む代わりに、外から見て何をしているか分かりやすいことか、あなたが完全に夢中になっていることをしましょう。そしてメールやメッセージ、Facebookの新着情報をチェックするのは、30分間、部屋を離れている間にしましょう。子どもは常に注目される必要はありませんが、親といっしょに散歩に行く時や、遊び場に行く時は、親に自分だけに完全に注意を向けてもらう必要があります。携帯電話を鞄の中に入れていると、常に携帯電話をチェックしたくなって、注意をそがれてしまうでしょう。なので、携帯電話を家に置いていくか、フライトモードにするか、ネットに繋げないようにしましょう。

社会性を育む

小さな子どもはコミュニケーション能力を持って生まれ、その能力は、他者との関わりを通し、研ぎ澄まされていきます。そのため、小さな子どもは、周りの全ての人と接しようとします。バスや電車では、ベビーカーから小さくて好奇心旺盛な顔を出し、他の人とコミュニケーションするため、または他の人の顔色をうかがうため、笑ったり、こわばった表情で見つめたりします。3～4歳の子どもは、神様だとか様々な人について、思いつくままに長い話を次々にします。やがて、周りの人たちが目を伏せ、携帯電話をのぞき込んでいるのに気付くでしょう。バスや電車や待合室にいる時に、周囲を見回す人は非常に少ないですし、風や雨など天気の話をする人はさらに少ないものです。今の子どもは周りの世界とのコミュニケーションや関わりが少ない環境で育つので、かつての世代より、社会性が育まれにくいです。さらに手にタブレットを持たされれば、画面に意識が向き、それによって他者との関わりがさらに減ります。

雑談力といった社交性は、人生の様々な場面で必要になります。私たちは新たな集団に入る度、新しい人たちと知り合う度、それらの能力を用います。親であるあなたは、お子さんの社会性を、お子さんと話をし、お子さんを社会に関わらせることで、伸ばすようにしましょう。あなたのお子さんが画面の前にいたがるからといって、他の人といっしょにいるのを拒むことを許すべきではありません。一部のお子さんは、家族の集まりや、子ども同士のパーティーや外食中に、タブレットや携帯電話をのぞき込むのを許されているようです。親の側からすると、他の人に配慮するためだとか、〝大人の時間〟を持ちたいといった事情があるようです。お子さんが画面で楽しんでいるうちは、親も他の人も好きにしていられます。ですがそれでは、子どものためになりません。子どもは知らない人の間でどう振る舞うべきか、新しい人とどう知り合うか、学ぶ必要があるのです。あなたのお子さんが、外出先で、毎回、画面を見てしまうなら、そのような能力が育まれていない可能性があります。それは第一に、全般的な社会性を欠いているということを意味します。第二に、お子さんが会話や遊びに積極的に参加した時と比べ、家族や友人と緊密な絆で結ばれていないということをも意味します。

読み聞かせ、オーディオ・ブック、電子書籍

オーディオ・ブックを聴いたり、読書アプリを使ったりするのは、普通の読み聞かせと同じぐらい、子どもによいものなのでしょうか？　今回に限っては、答えは明白です。「いいえ」もう少し詳しく説明しますと、**読み聞かせは常に子どもにとってよいものですが、オーディオ・ブックと読書アプリには、同じことは当てはまりません。**お子さんを膝に載せ、休憩をとり、物語や画面上で行われることについて話すといった最善の方法で、オーディオ・ブックや読書アプリを用いても、必ずしも読み聞かせほど、ポジティブな影響を及ぼしません。お子さんが１人でオーディオ・ブックを聴いたり、読書アプリをたくさんいじったりすることが、読み聞かせに完全に取って代わってしまうなら、ネガティブな効果しか得られないでしょう。

言葉の発達を促すアプリ？

子どもの言葉の発達を促す目的で開発されたアプリが、今ではたくさんあります。それらのアプリの多くは、子どもが様々なものや動物の絵を押して、それらの名前を言うようにできています。これは指差し本の発展版のように少し思えますが、**大人が隣にいなくても、子どもだけで遊べてしまいます。**そしてまさにその理由から、これらのアプリは、**子どもの言葉の発達と世界の理解に、紙の本ほどは役立**

ちません。

知って
いますか？

小さな子どもにとっては、ごく単純な指示も、画面を通すと理解が難しくなることが、複数の調査で分かってきています。身近な人が反応を示しながら、指示やメッセージを与える時、子どもたちはより早く、よりよく理解できるようです。2歳ぐらいになると、子どもたちは画面上で見たものと、現実のものとを結びつけられるようになってきます。（出典：Cantor og Cornish、2016年）

あなたが小さな子どもを膝に載せ、本を読み上げたり、本の中のものを指差したりしながら、「ここは農夫が働く農場です。豚に餌をあげているのはその農夫ですよ」などと言えば、新たな言葉や概念の繋がり、意味を絶えず理解できるようになるでしょう。あなたはまた本の内容を、子どもの生活や周りの環境と結びつけて話せるでしょう――ボールの絵がある場合、あなたはお子さんに本物のボールを見せ、2つのものを結びつけることができます。その方が、子どもが絵をタップした時に、〝豚〟とか〝ボール〟といった単語が読み上げられるよりも、言語的にも、認知面でも、はるかに刺激を得られます。**学習アプリを使っても**子どもの頭には非常にたくさんの言葉が入ってきはしますが、文脈上、意味をなさないため、**活発に言葉を交わした場合ほど多くを学ぶことはできません。**

知って
いますか？

読み聞かせをすることで、子どもの語彙力を育めます。大人が子どもに読み聞かせしながら、絵の中にあるものや物語が、子どもの生活とどう結びついているかといったことについて話し合う〝**語りかけ**〟**では、特に語彙力が育まれます。**対話を含まない普通の読み聞かせでも、〝語りかけ〟ほどではありませんが、子どもの言葉は育まれます。（出典：Cantor og Cornish、2016年）

小学校入学に備え、子どもにできるだけ早期に学習能力を身に付けさせたいと考える親を私は見てきました。特別な学習ツールを子どもに使わせることで、学習効率を上げようとする親や、早い段階で文字を教えるため、読み聞かせをする親たちも。ですが、大半の子どもは、**十分な養育と愛情を与えられ、健康的な食事をし、十分な睡眠をとり、運動をしさえすれば、小学校に入学した時に困らない能力を自然と身に付けることができます。**親が注力すべきなのは、そこです。それ以上のことをしたければ、読書を快適さや安心感、楽しくて素晴らしい体験と結びつけることで、子どもの読書欲を刺激するとよいでしょう。

子どもの心に寄り添うことと安心感

大人にとって読書の目的は主に何かを学び、物語の中に没頭することですが、子どもへの読み聞かせでは、他に様々な要素が絡まり合います。あなたは第一に、お子さんといっしょにいる時間をとっていること、あなたが読み聞かせに完全に集中していることを示せます。**お子さんといっしょに物語に没頭する時間を確保することで、あなたは守られている――様々な問題を解決するのにあなたが一杯一杯になってはいないという信号を送ることができるのです**。そのため、読み聞かせは安心感と平穏をもたらしえます。あなたが横になるか、座って読み聞かせする時、あなたはお子さんに寄り添っている場合が多いでしょう――お子さんがあなたの呼吸を聞き、心を落ち着けられるように、お子さんをあなたの膝に載せるか、お子さんの呼吸を背中に感じるか、お子さんを脇に抱えるか、胸元に顔を埋めさせて。スキンシップは、子どもの体や心の発達に非常に大切な根源的欲求を満たすものです。そのため、スキンシップそのものが、読み聞かせの動機になりえます。さらに**親子でくっついて横になったり、座ったりすることで、体と体が触れ合い、注意力が研ぎ澄まされ、集中力が高まる**ので、お子さんは耳を傾け、話についていきやすくなります。

知って いますか？

肌のすぐ下には、ほんの少し触れただけで、触れられたと感じ取る感覚受容器官があります。この**感覚受容器官は、触れられたのを感じると、脳にすぐさま、この電子信号を送ります**。すると1分もしないうちに、**脳にオキシトシンというホルモンが大量に分泌されます**。このホルモンは他者との関係性を築く私たちの能力に影響を及ぼし、私たちをより好奇心旺盛で、社会的で、愛情深くさせます。そのためオキシトシンは〝社交性ホルモン〟、〝愛情ホルモン〟、〝ハグ・ホルモン〟などとよく呼ばれます。

読み聞かせはまた子どもの自己肯定感を高め、親子の絆を強くします。スキンシップにより、子どもに安心感や心の平穏がもたらされるでしょう。これはあなたがオーディオ・ブックを再生したり、子どもの手にタブレットを持たせたり、他のことを同時にしたりする時には、できないことです。あなたは読み聞かせをすることで、いっしょにいる時間がとれ、またそうしたいという信号を送ることができます。

読み聞かせをしたり、ボードゲームをしたり、遊んだり、子どもが長々と話をするのに耳を傾けたりするのには、エネルギーが必要です。するとあなたはお子さんの手にタブレットを持たせたくなるかもしれません。そうすることで、くつろいだり、あなた自身がしたいことをしたりする時間と心のゆとりを持てるからです。あなたが携帯電話を見ている時、横にいるお子さんは、くつろいでいるように見えるかもしれません、でも子どもというのは、何より親やきょうだいといっしょの時間を過ごしたいものなのです。

親子共通の話題

本や漫画、映画、テレビドラマ、ゲームでも何でも、フィクションは世界に対する子どもの理解に影響を及ぼします。様々なメディアが様々な登場人物、あらすじ、テーマ、メッセージを持った物語をあなたに提供することでしょう。あなたはそれらの物語を、子どもといっしょに読んだり、聞いたり、見たり、遊んだりするのなら、様々な事柄について、お子さんと考えを共有することができます。あなたはまたいくつかの素晴らしい話をはじめるのに、フィクションを用いることができます。例えば、よい友だちとは何かや、どうやって物事を伝えたらいいのか、断る時はどう言ったらいいかといったことについて話すことができます。これらの話は、子どもの意見や価値観や道徳意識を育むのに役立ちます。

フィクションは物事を他の人の視点から見ることを教え、共感力を高めます。

あなたとお子さんはフィクションにともに没入することで、世界に対する共通理解と、世界を理解するための優れたツールを手に入れることができます。多くの児童書には、様々なタイプの登場人物が出てきます。ムーミンの世界では、好奇心旺盛でちょっぴり繊細なムーミントロール、癇癪《かんしゃく》持ちのちびのミイ、人生について様々なことを知っている一匹狼のスナフキン、ケチで臆病者のスニフなどと出会えます。『たのしい川べ』（ケネス・グレーアム作、石井桃子訳、岩波少年文庫、２００２年他）や『クマのプーさん』（A・A・ミルン作、石井桃子訳、岩波少年文庫、２０００年他）、アストリッド・リンドグレーンの本には、個性的な登場人物がたくさん出てきます。それらの物語について話すと、お子さんは興味津々で耳を傾けてくれることでしょう。ですが、それらの本には、話をするのが難しいテーマも書かれています――例えば、『はるかな国の兄弟』（アストリッド・リンドグレーン作、大塚勇三訳、岩波少年文庫、２００１年）は死や勇敢さを、『ムーミン谷の仲間たち』の『目に見えない子』は、自尊心の低さをテーマにしています。

フィクションは、あなたのお子さんの心に寄り添う非常に優れたツールにもなりえます。あなたはお子さんが何に興味を持っているかについて（普段何に興味を持っているかや、今夢中になっていること

について も)、より理解することができます。親子でフィクションを楽しむことで、愉快な体験を分かち合い、いっしょに大笑いし、共通のユーモアや、2人にしか分からないジョークを育むことができます。ごく幼い子どもは、おならやうんちや、びっくりするような事柄や、愉快な音や、誰かが転んだり、ずっこけたりするのが好きです。いっしょに笑えるということは、世界を同じ風に見ている証拠であり、そのことがあなたたち親子の関係をより緊密にします。笑いや冗談、じゃれ合いは、大人への階段を上りつつある成長過程のお子さんに、あなたが与えられる最も重要なものの1つです。なので学校での成績を上げるためでなく、何よりまず今この瞬間を豊かで楽しいものにするため、お子さんに読み聞かせをしましょう。

オーディオ・ブックをうまく活用しよう

デンマークでは、子ども向けのオーディオ・ブックが実にたくさん出されていて、適切に利用すれば、普通の読み聞かせのよい補助教材になりえます。とはいえ、誰かが録音した読み聞かせの音源を、0～2歳の子どもが聴いていても、あまり得られるものは多くないということは注意すべきです。読み聞かせの時、大人といっしょに絵を見、物語について話をするのでなければ、子どもは物語に注意を向け続けることも、物語を現実と結びつけることもできません。一方、ごく小さな子どもは、歌や音楽を聴くことに喜びを見出すでしょう。親がアイコンタクトや身振り手振り、動きを交えながら、いっしょに歌ってあげると、子どもたちはより一層多くのことを習得できます。

1歳半~2歳になると、オーディオ・ブックを楽しめるようになりますが、前述したようにオーディオ・ブックが親の読み聞かせの代わりになるわけではありません。読み聞かせは、あなたがふざけた声を出したり、表情を作ったりするなどして、お子さんと対話することで、はじめて完全に特別なものになりえます。オーディオ・ブックは、あなたが少しリラックスしたい時、またそれを聴きながら親子でくっついて座るか、横になって、子どもの発達と親子関係にとって重要なスキンシップをする時、読み聞かせの有効な補足となりえます。お子さんが絵をたくさん描いたり、ぬいぐるみ遊びをしたり、ブロックを作ったりと、同じ遊びを長時間している時に、オーディオ・ブックを流してやると、心地よく思うかもしれません。少し大きな子は特に、一度に複数のことに集中できるので、オーディオ・ブックは遊びのインスピレーションをさらに促し、読み聞かせを補完する役目を果たすかもしれません。

あなたが寝かしつけ絵本を読んでやっても、子どもがなかなか眠らない時には、オーディオ・ブックを使ってもよいでしょう。ベッドに入った後、あれこれ考え込んでしまう子どもは、リラックスしたり、落ち着いたりできるよう物語を聴く必要があるかもしれません。落ち着きがなかったり、不安になったりする子どもにも、これは当てはまります。慣れ親しんだ物語をオーディオ・ブックで聴くことで、子どもは心が落ち着くのです。

電子機器の推奨使用年齢

年齢制限が定められてはいても、子どもは皆それぞれ違っているので、電子機器からどの程度影響を受けるかは、1人1人違っていると覚えておくことが大切です。なので、あなたがお子さんのことをよく知り、お子さんが必要とするちょうどよい境界線《ボーダーライン》を定めることが、実に大切です。本項でも、**タブレット、携帯電話、ソーシャル・メディア、ゲームの推奨使用年齢**を定めてみますね。モットーは、「**不安なら、まだ待ちましょう**」です。

タブレット

ごく幼い段階で、タブレットの使用を許される子が、とても多いようです。子どもにタブレットを与える必要性をはじめに感じるのは、子どもでなく、常に親の方です。生まれつきタブレットを必要とする子はいません。**親が1人になりたいという以外に、子どもにタブレットを与える理由はありません。「うちの子はタブレットを見ることにしか興味がない。他の子や他のおもちゃで遊びたがらない」と言う親は、子どもをそうさせたのは自分たちであることを頭に入れておきましょう。**そうなるのを避けるのは簡単です。単純に、**タブレットを与えなければいいのです。**

私がお勧めする**タブレット使用開始年齢は、早くても11歳**です。入学時にタブレットを支給する小学校もあるので、実際は使わせないのは難しいかもしれません。そのような場合、お勧めなのは、**タブレットを学校に置いてこさせる**ことです。宿題はクラウド上に保存するか、メールで送って、家で家族のコンピュータでさせるとよいでしょう。難しければ、学校とどうするか話し合ってもよいでしょう。

携帯電話

困ったことがあった時、常に連絡がとれるように、携帯電話を与えている親もいるのかもしれません。**でもそういう理由で携帯電話を子どもに持たせるのは、やめましょう。**携帯電話をそんな風に用いることで、子どもに恐怖を植え付ける危険性があります。あなたは、**「危険がいつ迫ってきてもおかしくない。だから、常に連絡がとれるようにしなくてはならない」という信号を送ってしまっている**のです。それによって、子どもが学校でのライフラインとしても親を用い、学校から親に電話したり、助けてくれとメッセージを送り、親が学校に電話したり、先生に面接を希望したりするといったケースがしばしば起

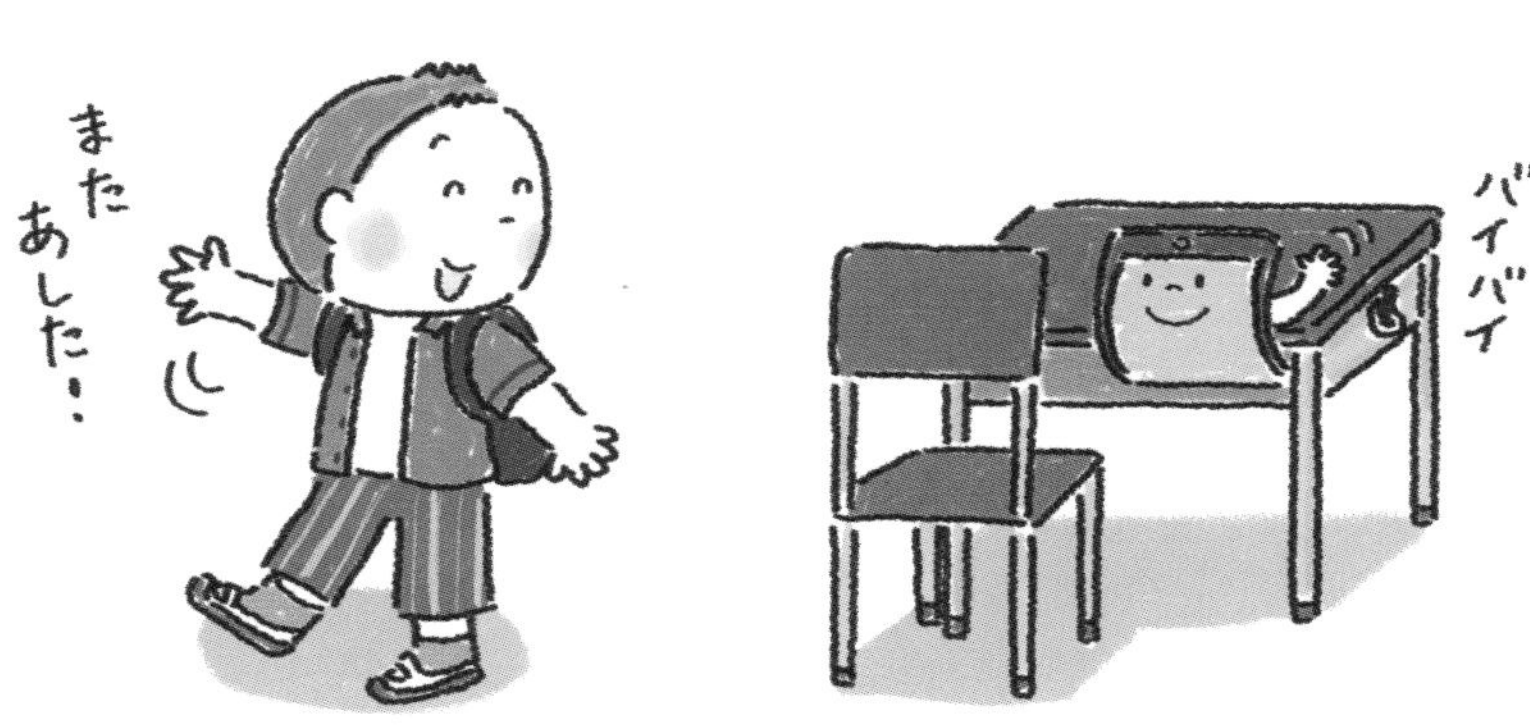

こっています。諍いや哀しみや不安は、その場にいる大人が一番対処しやすいです。親が突然首を突っ込むことで、教師や保育士にとって、問題が意味もなく大きく、複雑になるリスクもあります。

でも、他の家では……

他の子が携帯電話を持っているというのは、お子さんに携帯電話を与える理由には、必ずしもなりえませんが、与えずにいるのは難しいでしょう。この話題について、保護者会で取り上げてもらうか、お子さんの一番仲のよいお友だちの親に、どうしているか聞いてみましょう。「他の皆が持っている」という子どもの証言は信用できませんし、他の親もあなたと同じ悩みを抱えているかもしれません。

子どもは自分の携帯電話を持つことで、親と親、または親と教師/保育士との間で行われるべきコミュニケーションの一部を急に担うようになります。離婚している親にとっては、子どもがもう一方の親のところに行っている時に、子どもと連絡がとれるので、子どもに携帯電話を与えるのは便利に思えるかもしれません。ですが、それはやめるよう私は強く推奨します。親同士が協力関係を築くのが難しい状況では特に、お子さんは自然と自分のことを〝伝書鳩〟のように感じるようになり、心の負担になるでしょう。それに、寂しい気持ちにどう反応するのか、またいっしょにいない親から連絡が来ることに、子どもがどう反応するかは様々です。それで心が慰められ、うれしく思う子もいれば、不幸せな気分になって、心のバランスを崩す子もいるでしょう。何であれ、両親の2つの世界に関わり、ずっと両親と繋がっていなくてはならないのは、大変なことです。最後にまた重要なポイントを言いますね。両親の離婚を経験した子どもが、自分の言い分を通すため、または親同士の関係性を確認するため、一方の親の前で、もう一方の親を悪く言うリスクが常に潜んでいます。このリスクはお子さんが携帯電話を持っていると、著しく上がります。

私がお勧めするのは、**携帯電話を持つのは早くても10歳になってから**にすること。本当に必要になるまで、できれば待つようにすることです。例えば、学童から早く帰ってもいいか聞くのに、携帯電話を使う必要はありません——電話したければ、学童の電話からかければいいのです。友だちの家に遊びに行っているのなら、その子の親から電話を借りればよいでしょう。**携帯電話が本当に必要になるのは、お子さんが公共交通機関を1人で利用するようになってから、または自転車で1人で出掛けるようになってから**でしょう。11歳ぐらいになると、大人抜きで自転車で移動するようになりますし、大人の監視下に置かれる学童にも行かなくなるでしょう。スポーツ・クラブには行きたい時に行き、帰るようになるでしょう。さらに大人抜きで海や他の場所に行くようになるでしょう。こんな時、携帯電話を持っておけば、**迷子になったり、バスに間違って乗ったり、もう少し遊んで帰ったりしたい時に、親に連絡できます。**

子どもをすぐに助けず、落ち着かせ、自立を促す

問題があったと子どもが電話してきた際、親がすぐに事態を大げさに受け止め、助け船を出さないようにすることが重要です。あなたは**お子さんを落ち着かせ、自分自身で問題を解決できるように導くべきです。**そうすることで、あなたはいなくてもよい存在になれます。そうやってお子さんの自立を助けられるのです。

ソーシャル・メディア

大手ソーシャル・メディアの13歳以上という制限年齢は、遵守すべきです。お子さんがソーシャル・メディアで性被害を受けたり、侮辱されたりしても、制限年齢に満たないと、助けを得られません。またアカウントを持つ年齢に達していても、ソーシャル・メディアが必ずしもよいものでないという点にも、注意が必要です。研究により、**ソーシャル・メディアを利用する10代の若者は、使用していない若者よりも、抑鬱傾向があることが分かりました。ソーシャル・メディアの使いすぎにより、孤独や疎外感をより頻繁に感じたり、鬱になったりするリスクが高まります。**

現在、子ども向けのソーシャル・メディアがたくさん生まれています。Ｆａｃｅｂｏｏｋ社は、Ｍｅｓｓｅｎｇｅｒアプリの子どもバージョンをリリースしましたし、Ｙｏｕｔｕｂｅには、子ども向

けのバージョンもあります。デンマークには、MovieStarPlanetという8～15歳向けのソーシャル・ゲームがあります。子どもには不適切な内容は除外したり、子どもが誰とチャットしているのか親がより把握しやすくなる機能を備えていたりするなどといって、〝安全〟としばしば喧伝されていますが、たとえ子ども向けであっても、子どもにソーシャル・メディアは必要ありませんし、そこから子どもはよい影響を受けません。最近では、ソーシャル・メディアが子どもの発達や精神衛生に直接的に害を及ぼしうることを示す調査も出てきています。なので、私がお勧めするのは、こうです。「NOと言いましょう。お子さんに、あなたがなぜNOと言っているのか伝えましょう」お子さんが広告に影響されないようにするため、自分たちがどう広告に影響されるのか知らせるべきなのと同じように、ソーシャル・メディアに影響されないよう、自分たちがどうソーシャル・メディアに影響されるかも知るべきなのです。

ゲーム

11歳未満のお子さんには、できることなら携帯電話でもタブレットでも、ゲームをさせないよう勧めします。あなたの携帯電話に、ゲームがインストールされているのなら、お子さんの目の触れないところに携帯電話をしまうべきです。同じことが様々な〝エンタメ・アプリ〟やそれに類するプログラムにも言えます。8歳ぐらいから、お子さんに年齢に応じたゲームを親から薦めてもよいでしょう。それはお子さんを1人で遊ばせるためでなく、あなたがいっしょにゲームをして楽しむためです。いっしょに発見し、子どもにゲームの中の様々なこと——楽しいことも、学びになることも伝え、あなた自身も知りましょう。また大半のゲームに潜む落とし穴についても、親子で話し合いましょう。

11歳未満のお子さんが、平日に1人でゲームをするのは、1日1時間までにしましょう。あなたもいっしょにするのであれば、もう少し長くしてもよいでしょう。**11歳〜中学校卒業までは、平日、1日2時間まで**にするようお勧めします。**週末や長期休み中**は、ルールを別に設けてもよいでしょうが、この際、例外的ルールが2つあります。

> **❶ 1時間半ごとに、10分以上休憩をとり、別のことをさせましょう。**
> **❷ 寝る1時間前には、ゲームをやめさせましょう。**

お子さんに**ゲームをさせるのなら**、ドアやカーテンを閉めきった部屋で、1人でやらせるのではなく、**他の人がいる部屋で**、お子さんが何をしているかあなたに見えるぐらい**画面の大きいデスクトップPCでやらせましょう**。

P63
詳細は、63ページの**電子機器の使用時間——どの時間帯に、何時間ぐらいまで？** をご覧ください。

Få styr på dit barns digitale verden

Chapter 3

この章からあなたが学んだ5つのこと

❶ デジタルの遊びは体を使った遊びの代わりにはなりません。

❷ 画面利用時間が長すぎると、お子さんの学びが阻害され、睡眠障がいが起こりえます。

❸ お子さんに1人の時間を与えましょう。

❹ 読み聞かせを続けましょう。

❺ 携帯電話やゲーム、ソーシャル・メディアの年齢制限に従いましょう。

Få styr på dit barns digitale verden

Chapter
4

第4章

子どもはインターネットで何を見ている？

この章に書かれていること

- □ インターネットに溢れるエンターテインメントの大海原に、あなたも飛び込んでみましょう。
- □ 情報収集のためにインターネットを子どもに適切に使わせましょう。
- □ ニュースが子どもにどんな影響を及ぼすか理解しましょう。
- □ 不快なコンテンツを子どもに見せないようにするため、対策をとりましょう。
- □ 子どものオンライン上の交友関係に理解を示しましょう。

多くの子どもは、早い段階でインターネットへのアクセスを許され、面白い映像や動画やゲームを検索し、見付けられるようになります。また恐ろしいＹｏｕＴｕｂｅ動画や、ポルノ、溺れる移民の写真などの刺激の強いコンテンツを、ふいにインターネットで目にし、情緒不安定になる子もいるようです。刺激の強いコンテンツを完全にシャットアウトするのは不可能です。他の子から「ほら、これ見ろよ」と、突然、目の前に携帯電話を差し出されることもあるからです。そのため、インターネットで見たものについて、親子で話をすることが大事です。同時に、インターネットはたくさんの知識を得られ、同じ関心を持つ人と出会える素晴らしい道具であるということも忘れてはなりません。

大量のエンターテインメントを無限に楽しめる

携帯電話かタブレットを持たせれば、決して退屈することはないでしょう。ほんの２、３度タップするだけで、テレビ番組やメイクアップ動画といった役に立つコンテンツを見付けることができるのですから。例えばＹｏｕＴｕｂｅ１つとっても、自由にアクセスでき、様々な人のニーズに合うエンターテインメントが無限にあるのが分かります。ＹｏｕＴｕｂｅでは、子どもが撮った記録動画から、大手プロダクション会社制作の音楽ビデオに至るまで、ありとあらゆるものを見付けることができます。またオンデマンド配信では、テレビ番組も見られるようになってきています。実に多くの家庭で、ＮｅｔｆｌｉｘやＡｍａｚｏｎ Ｐｒｉｍｅといった、手軽なストリーミング・サービスが利用されています。大半の子どもがタブレットや携帯電話やスマートTVで、エンターテインメントをすぐに見付けられますし、そのうちの多くにはキッズ版もあり、文字が読めない子どもでも、見たいものを見付けられるようにできています。

知って
いますか？

2016年の調査により、**3~6歳のデンマークの子どもの31%が、YouTubeを日常的に見ている**ことが分かりました。**7~12歳**の子どものうち、YouTubeを日常的に見ている子の割合は、**70%**でした。**3~6歳の27%、7~12歳の25%が、Netflixを日常的に見ている**ことも分かりました。

（出典：デンマーク国営放送DRメディア調査、2016年）

様々なストリーミング・サービスを検索するうちに、何時間も、何日も、何カ月も経ってしまわないよう注意が必要です。動画を見ているうちに、関連性の高い別のビデオが自動的に表示されるでしょう。子どもは（また大人も）途中で見るのをやめるのは難しいため、親であるあなたが、明確なルールを定め、責任を持つことが大事です。大した効果はないかもしれませんが、まずはストリーミング・サービスの自動再生機能を停止し、次の動画が自動的に再生されないよう、設定を変えることからはじめてみましょう。

自動再生の罠

2005年にアメリカの研究者、ブライアン・ワンシンクが、普通のお皿と、満杯まで絶えず注ぎ足されるお皿のどちらで食べるかで、食べる量は変わるか、実験を行いました。自動で注ぎ足されるお皿から食べた参加者は、普通のお皿から食べた参加者より、知らず知らずのうちに、73％も多く食べたことが分かりました。YouTubeやNetflixで、映画やドラマの次のエピソードが再生される時にも、同じことが起こりえます。自分で能動的に次のエピソードを再生した場合より、**自動再生の方が、思っていたより長時間、動画を見てしまいます。**（出典：Wensink、2005年）

ストリーミング・サービスを利用する、ほぼ全ての子どもが、**大して見たいわけではないのに、退屈を紛らわせるためにそれを見ている**のではないかという印象を、私は持っています。あなたがユーモアと洞察力に富み、お子さんの好奇心を刺激するなら、お子さんはほぼ間違いなく、画面をのぞき込むより、あなたと何かいっしょに――たとえそれがスーパーマーケットで買い物するのであっても（時々はボードゲームや他の楽しいことをいっしょにすることもお勧めします）――やりたがるでしょう。

ブロガーとYouTuber

大半の子どもが、Instagram や Tumblr、Twitch、Snapchat、MovieStarPlanetをはじめとしたたくさんのプラットフォームで、YouTuberや動画クリエイターやインフルエンサーをフォローしています。無限にあるテーマの中でも、人気があるのは、トレンドやメイク、DIY、音楽やゲーム、お笑いやダイエットなどです。さらに実に多くのブロガーやYouTuberが、ファンとアンチが混在するフォロワー全員に、ひどく個人的な情報をシェアすることで、人気を獲得しています。デンマークのフィー・ラウセンやクリスティーネ・スロットといったYouTuberは、恋愛やセックス・ライフについて赤裸々に語り、どちらも登録者数10万人を超えていますし、同時にSnapchatのフォロワーもたくさんいます。

多くの子どもや若者が、シンパシーを覚えるかあこがれるかするYouTuberをフォローしています。他の人が自分自身と同じ問題に直面しているのを見て、安心できるのかもしれませんが、**YouTuberの悪い行動も真似てしまうリスクもあります。子どもが見ず知らずの人の生活をのぞき、理解不能だったり、気持ちの面で受け入れがたかったりする写真や映像に、日々触れているかもしれないと、親が知ることも大事です。**子どもや若者の中には、YouTuberと深く繋がっているように感じ、YouTuberが悲しむと自分も悲しくなったり、彼らと会いたくなったり、様々な方法で手助けしようとする人もいるかもしれません。**Snapchatにも、まるでシュガー・ベイビーや**

娼婦のように、自分たちの生活の写真や動画を次々に上げたり、ドラッグや食欲減退薬を摂取したり、自殺願望について語ったりすることで、多くのフォロワーを獲得しているティーンエージャーがいると いうことは頭に入れておくべきです。

その手のものを子どもが見るのを禁止することはできません。あなたがとれるベストな道は、人気のコンテンツをフォローし、子どもといっしょにＹｏｕＴｕｂｅや他のプラットフォームを試すことです。さらにあなたがお子さんと、緊密で良好な関係を築くことも大切です。首を突っ込まれたとか、監視されているとか、管理下に置こうとされているとか、上から目線と思われると、拒絶されかねないので、やめましょう。そうではなく、好奇心を持って尋ね、ＹｏｕＴｕｂｅやその他のプラットフォームに何があるかを知っていることを示しましょう。

メリットとデメリットを知る

世の中のありとあらゆる知識や情報を探すのに、30巻にもわたる百科事典を手元に置いておく必要はありません。かつては数時間も議論し、埃《ほこり》をかぶった本をたどることでようやく手に入れられた知識も、今では携帯電話を数回タップするだけで、手軽に得られるようになりました。これにはもちろん素晴らしい面もたくさんありますが、注意しておかなくてはならない点もいくつかあります。

Google

Google検索ができてからの数十年間で、人と情報との関係性や情報へのアクセスのし方は、すっかり様変わりしました。私たちの大半は、よいレシピや面白い猫の動画を探したり、メールを送ったり、単語を訳したり、道を調べたりするのに、Googleを日に何度も使っています。あなたのお子さんも、もちろん、検索の仕方を知るべきです。**様々な事柄をどう調べるのかや、アルゴリズムによってどんな風に検索結果が導き出されるのかや、上位にヒットする情報の多くには広告費が支払われていることとを知るべきです**。Googleは私たちが百科事典や辞書を常に手元に携えておかずに済むようにしてくれたり、旅する時、地図を不要にしてくれたりする素晴らしいツールです。ですが、Googleが家庭生活にもたらしている負の面にも注意が必要です。

前に指摘した通り、建設的なよい議論の仕方を子どもに教えることが大事です。子どもが親やきょうだいと議論したり、意見を戦わせたりできるようにしましょう。長時間議論し、自分が正しくなかったと知る屈辱的な瞬間とどう向き合えばよいか、学べるのも家庭です。親であるあなたは、どうしたら自尊心を過度に傷つけられることなく、そのような状況を切り抜けられるか、お子さんに教えなくてはなりません。

これらの事柄が、Googleと一体どう関係しているのでしょう？　**多くの家庭では、家族皆が常に携帯電話を手に持ち、意見が合わないとすぐに検索して答えを見付けるので、日常のちょっとした議**

論をほとんどしなくなってしまいました。手元に常にＧｏｏｇｌｅマップのある生活を送っていると、**Ｇｏｏｇｌｅマップなしで道を覚えられなくなる**危険性もあります。どの道から来たのか、どの道を進めばいいのか、議論や意見の交換もしなくなってしまいます。家庭内での意見の不一致はできるだけ速やかに解消すべき、と考える親が多いようです。そして全てうまくいきはじめてやっと、真にリラックスして、穏やかに過ごせるのです。私たちが検索して答えを見付けることで、今、この場での議論が減ったり、なくなったりするのは、親に余裕がない時には、好都合に思えるでしょう。問題は、議論を通して、子どもが配慮に満ちた方法で議論する方法を学べないことです。そのため、**意見の不一致があった時に、検索して答えを探す代わりに、ほんの少し議論することが大事**です。Ｇｏｏｇｌｅ検索やＧｏｏｇｌｅのツールを使うのを完全にやめるべきと言いたいのでなく、物事を検索するのを少し待ってはどうかと言いたいのです。子どもに議論に加わることを教えることで、あなたは正しい議論のし方を教えたという自信が持てるでしょう。

電源を切ろう

大半の家庭が家族皆で過ごすであろう**夕飯時には、タブレットや携帯電話やコンピュータの電源を消し、しまうようお勧めします。Ｇｏｏｇｌｅ検索せずに、議論だけで何分で答えを導き出せるか、ゲームみたいに競い合ってみましょう**。子どもに、「これは競争だよ」と言い、親であるあなたたちも面白いと思っていると示せば、楽しいと思ってもらえるでしょう。

親としてあなたは、お子さんに情報を与え、お子さんを守る責任があります――Google検索にも、同じことが言えます。お子さんにGoogleの使い方を教え、検索する時に何が見付けられるか話しましょう。特に探していないのに、例えばアダルト・サイトやホラー、その他の不快なものがヒットしてしまうかもしれません。**見たくもない動画をむやみにクリックしないよう、お子さんに話しましょう**。不快なものについて読むのと見るのとでは、大違いです。中には、視覚的な情報に影響されやすく、不快な映像を頭から消し去るのが難しい子もいます。なので、**クリックする前に大人に聞く**ように言うとよいでしょう。お子さんに、動画をクリックするべきか相談するよう教えることで、あなたはお子さんが見ているもの、お子さんが検索し見付けたものが何なのか把握する機会を得られます。

Googleの検索結果が誤った認識を招きうるということを、お子さんと話すのも大切です。あなたのお子さんが例えばお化けが怖くて、「お化けはいるの?」と検索したら、お化けはいると説く記事がたくさんヒットすることでしょう。例えば『霊にとりつかれた人に現れる7つの兆候』『この写真に霊が写っています』といったタイトルの記事や、

本物のお化けがいるかのような恐ろしい動画など。お化けを信じないという記事や、お化けを見たことはないという動画をわざわざ投稿する人は、あまり多くないのですが、子どもはそうは考えません。**お化けがいるということを示す記事や写真や動画ばかり目にしていたら、お化けがいると思ってしまっても無理はありません。**

YouTube

ＹｏｕＴｕｂｅは、Ｇｏｏｇｌｅ社が２００６年より所有するサイトです。ユーザーはそこに動画を投稿したり、シェアしたり、評価したり、コメントしたりできます。**ＹｏｕＴｕｂｅには、ユーザーがオリジナルのコンテンツしかシェアできないとか（テレビ番組の映像をアップするのは著作権法違反です）、性的表現や裸、商業的広告が含まれている動画はアップしてはならないといったガイドラインもあります。**それでもそのガイドラインは必ずしも守られておらず、サイトには常に新たなコンテンツがアップされ続けるので、それらを全て監視し、分類するのは不可能です。つまり**ＹｏｕＴｕｂｅには不適切なコンテンツもたくさんある**ということです。

ＹｏｕＴｕｂｅにありとあらゆる動画があるということは、そこからたくさんの知識を得られるということでもあります。自転車の修理法や、メイクアップの仕方といったハウツー動画から、最新のバットマン映画についての詳しい分析や、ゲームのガイドまで。どうしたら早く痩せられるかとか、どうしたら手っ取り早くお金を稼げるか、怪我をした時にどうしたら痛みを和らげられるかといったハウツー動画もあります。私がお勧めするのは、お子さんといっしょに座って、いくつか動画を見る、YouTubeにどんな動画があるか、いっしょに探ることです。YouTubeで見付けられるポジティブな動画と、ネガティブな動画について話し、不快だったり恐ろしかったりする映像を見付けてしまったら、いつでも相談に乗るという姿勢を明確に示しましょう。

Wikipedia

Wikipediaはユーザーが多言語で自由に編集できる一種の事典です。誰でもWikipediaに自由にアクセスし、知識をシェアできます。Wikipediaは非営利で、広告もスポンサー付きのページもありません。つまり、Wikipediaは例えばGoogleなどより、ある意味では、信頼できるメディアということです。しかし同時に、誰でも記事を書けるので、新しい記事は特に思想が偏っていたり、内容が間違っていたりする可能性があることには注意しておきましょう。

Wikipediaの記事は、質に応じて分類されています。中立的な立場で、正しい情報がたくさん書かれている記事には、良質な記事の証である青い☆のマークが付けられますが、それでも改善点はたくさんあります。「秀逸な記事」と書かれている記事は、ほぼ完璧という評価を受けた記事で、グレーの☆のマークが目印です。

知識欲旺盛なタイプのお子さんには、Ｗｉｋｉｐｅｄｉａはぴったりのツールでしょう。例えば【おまかせ表示】をクリックして、どんな項目が出てくるか見ることもできますし、もっと知りたいことがあれば、検索してもよいでしょう（注：有害なコンテンツがポップアップ表示されることもあるのでご注意ください）。間違いを見付けたら直せますし、説明の足りない項目を見付けたら、知っていることを書き足すことも可能です。お子さんが、例えばゲームや特定のブロガーやバンドに強い関心を持っているなら、他の人と知識を共有したり、そのトピックについての記事の執筆に参加したりするのも面白く思えるでしょう。

ニュース

デンマーク人は、ニュースへの関心が非常に高い国民です。デンマークの実に95％もの人々が、ニュースを毎日、チェックしています。友人や家族とニュースについて話しますし、車でラジオをつけると、ニュースが流れ出します。バスや電車に乗れば、液晶ディスプレイにニュースが映し出されているのを目にします。ソーシャル・メディアをチェックすれば、ニュース記事や他の人がいいね！したりシェアしたりしたニュース記事や動画が嫌でも目に入ってきます。ですが、常にニュースにさらされることは、実際、子どもにどんな影響をもたらすのでしょう？

ニュースを怖いと思っている子はたくさんいる

知って
いますか？

2010年のEU Kids Onlineという研究プロジェクトで、25のヨーロッパ諸国の研究者から、9歳から16歳の子どもや若者2万5千人が、アンケート調査を受けています。**回答者の半数以上が、オンライン上で目にする最も恐ろしいものは、ニュース記事だと答えました。**このプロジェクトに参加したエリザベス・スタックスルードという研究者によれば、**子どもたちが特に恐れているのは、交通事故や苦悶する人や動物、テロ、移民についての動画**のようです。

（出典：研究誌Apollon、2015年10月29日）

ニュースを見て、怖くなってしまったり、実際に恐怖にさいなまれてしまったりする子がいると話しても、信じない親がいます。幼い子どもは、ニュースのながら見をしていて、大して集中していなさそうでも、親が思っているより、実にたくさんの情報を得ています。大人が特定の話題について話をする時、深刻な雰囲気になるのを感じ取ったり、耳に入ってきた言葉に恐怖を覚えたりすることもあります。

トランプを恐れる子どもたち

ニュースやYouTube動画で見たものに恐怖心を募らせる子どもと、私はよく話をします。テロ攻撃や自然災害、気候変動、戦争、病気、飢餓についてのものが多いようですが、ドナルド・トランプが大統領だった頃はドナルド・トランプを恐れる子どもが多かったようです。子どもたちの話を聞いていると、トランプが誰なのか、何をした人なのか知らないことが多いのですが、それでも非常に恐ろしい人だと感じているようでした。これらの印象は、ニュースや大人同士の会話から知るケースが多いようですが、どういう文脈で話されているのかまではあまり理解できていないようです。例えばトランプは世界で最も権力を持つ男だとか、彼は危険人物だとか、子どもを虐待しているとか、第3次世界大戦をはじめようとしているとかいった話を誰かがするのを聞いたのかもしれません。同時に、子どもたちは大人がトランプについて話す時、深刻で心配そうな表情をしていることに気が付いているのでしょう。これらが合わさることで、子どもたちは頭に非常に不快な映像を思い浮かべるのかもしれません。トランプのことを一種のモンスターだと思っていて、彼が人間だと知って驚く子も何人かいました。

親であるあなたが、ドナルド・トランプのような人について話す際には、注意が必要です。トランプについて例えば「危険」などと言う代わりに、こう言うといいでしょう。「トランプは私とは相容れない考えを持つ人だ」またはこう言うこともできるでしょう。「トランプはアメリカの大統領で、アメリカは本当に大きな国だから、大きな発言力を持つの」あなた自身の無力感や恐怖を子どもに植え付けないようにしてください。あなたが心配そうにしていると、子どもにもその不安が間違いなく伝わってしまいます。

子どもたちがニュースを恐ろしく感じるのは、第一に、それが現実に起きたことだと理解しているから。第二に、子どもたちが無力感を覚えてしまうからです。子どもたちは、世界の子どもが飢えや病気で亡くなり、家族がばらばらになり、環境汚染によって自然が破壊されるなど、恐ろしいことをたくさん見聞きしています。これらの事柄について耳にすると、大半の子どもは悲しくなり、どうにかして助けたいと思うでしょうが、実際、自分に何ができるかは分かりません。そんな時、子どもに伝えるべきなのは、「自分は無力で、何もできやしない、と匙を投げてしまったら、他人を助けることはできない」ということです。お子さんがこれらの事柄を聞いて悲しくなるのは、自分のことより他人のことを考えている証拠ですから、それはある意味、喜ばしいことだとも言えるでしょう。お子さんが例えば、**チャリティー運動に参加したり、貧しい子どもたちのために募金したり、海岸でゴミ集めをしたりして、状況を変える方法を見付けるのを手伝ってあげましょう。**

ニュースに対する子どもの不安を和らげる

お子さんが世の中で起きていることについて悲しんでいる時、あなたは例えばこう言うことができます。

「恐ろしい出来事が起きているというのは、その通りだけれど、個人ができることには限界がある。落ち込んでも仕方ない。**助ける方法は色々ある。例えば、お金を寄付するとか、チャリティー団体に加入するとか、ボランティアをするとか。さらに大人になったら、自分と同じ考えを持つ政治家に、投票することもできるんだよ**」

私は**中学校入学ぐらいまでは、ニュースを見せない**ようお勧めします（見る時は大人といっしょに見るようにしましょう）。それでもニュースを完全に見ないようにするのは難しいでしょう。ニュースについて誰かが話しているのを聞いてしまったり、単語が耳に入り、Ｇｏｏｇｌｅで検索しようとしたりするかもしれません。なので、お子さんが何を見て、何を聞くのかに、大いに注意を向けましょう。受け止める心の準備ができていないのに刺激の強いニュースを見聞きしてしまった子どもと、私は話をしたことがあります。そういう子は、夜、眠れなくなったり、１人でベッドに入るのが怖くなっているようです。

親としてあなたは、**恐ろしいニュースからお子さんをできるだけ遠ざけるよう努力すべき**です。**他方で、お子さんが見聞きすることについて、いつでも話ができるよう心構えしておくべき**です。「デンマークに生まれたことを喜びなさい」といった言葉で、子どもの話を一蹴するべきではありません。そうすることで、お子さんがその子なりに悲しんでいるかもしれないということを認めず、お子さんが頭の中で渦巻いている事柄について、あなたに聞くチャンスを奪ってしまうからです。

子どもの目線でニュースについて話す

私は**幼い子どもにはニュースを一切、見せない**ようお勧めします。たとえそれが、子ども向けのニュースとされていても。恐ろしいニュースが子どもの耳に入るのを避けることはできないと考える親は多いようです。**子ども自身がそれらのニュースを見聞きしていないのであれば、親がわざわざ話題にする必要はありません。**例えばおもちゃに含まれる有害物質といった、その子自身に関係のある事柄についてのニュースのことを、あなたがごく簡単に話し、決断を下すのは、全くもってよいことですが、子どもにニュースをそのまま見せる必要はありません。**ニュース動画を見ないよう言い、万一、怖くなったり、心配になったりするようなものを見聞きしたら、もちろんあなたのところに来て、少し話ができるようにします。**

ニュースの中には、子どもと話しやすいものもありますが、見せるのに全く適切でないものもあります。**個人の力ではどうしようもないことについて話すのは、あまり建設的ではありませんし、あなた自身が恐れている事柄については、話さないようにした方がよいでしょう。**私が子どもの頃は、核戦争が最も大きな脅威でしたが、今一番恐れられているのは気候変動と言えるのではないでしょうか。もちろん自然を大事にするとか、プラスチックゴミを分類するなどして、子どもにも関わらせるべきですが、世界が終わりに近づいているといった印象を植え付けるべきではなく、バランスを保つ必要があります。**気候変動が子どもの恐怖**

を呼び起こすのは、大半の大人があきらめきって、無力感を覚えているように見えるからだということについてよく考えるべきです。

もしもあなたがお子さんにそういった種類のことを話したいなら、またはあなたのお子さんが自分から聞きに来たなら、そのことについて**子どもの目線で話す**よう心がけるべきです――そしてどうにかできることについて話すべきだというのは、世の常です。あなたはまたこう言うべきかもしれません。「環境汚染がこんなにも進んでしまっているのは、大問題だよね。たくさんの動物が死んでしまうのだから。私たちはゴミを分別しなくてはならないよ。海岸でビニール袋を見かけたら、ゴミ箱に捨てるようにしよう」などと言いましょう。一方、こう言うべきではありません。「すでに環境汚染は進んでしまっている。私たちにはもう、できることはない。地球温暖化が進み、私たちは皆、いつかの時点で、自分たちの家から逃げ出さなくてはならないかもしれない」あなたはお子さんにいくつかの交渉の余地を与える一方で、別の機会には、お子さんに完全に交渉の余地を与えずに、お子さんを簡単に恐怖に陥れることがありえます。なので、お子さんがいる時に、**あなた自身の不安や恐怖などについて、大人の目線で話すのはやめましょう。**

あなたが普段、お子さんの疑問に対し、上から目線で審判を下したり、説教したりしていなければ、お子さんは疑問に思ったことについて、繰り返しあなたに聞きにくる可能性は高いでしょう。「どうして、皆、トランプの話ばかりしているの?」ここであなたは、お子さんにどこまでなら話してよいか判断する必要があります。**頭のよい子は、鋭い質問をしばしばします。そういった質問ができたからといっ**

て、必ずしも、答えを聞く準備ができているわけではないと覚えておいてください。こうした場合、あなたはこう言わなくてはなりません。「心配しないで。さあ、お父さん／お母さんとくすぐりっこしよう」子どもの年齢が低ければ低いほど、議論はふざけ合いっこに変わりやすいです。トランプや世界の自然災害や気候変動を、あなたが心の中でいくら恐れていようと、子どもには、心配しなくていいと伝えましょう。

フェイク・ニュース

ネット上――特にソーシャル・メディア上に存在する**フェイク・ニュースについて、お子さんと話すようにしてください**。フェイク・ニュースは、一見すると本物のジャーナリズムのようですが、実際は、人々を誘導するため、意識的に作られた一種のプロパガンダなのです。フェイク・ニュースの主な目的は、個人や団体の名誉を傷つけることだったり、経済的、政治的な優位性を保つことだったりします。そのことを子どもの目線に立って、説明すべきです。そうすることで、子どもは**ネットで知った情報を全て鵜呑みにしてはならない**と理解するでしょう。ネット上にあるもの全てが適切なわけではないということを子どもに伝える絶好のチャンスです。

知って
いますか？

２０１６年のアメリカの調査で、**〝デジタル・ネイティブ〟でさえも、本物のニュースとフェイク・ニュースを容易には見分けられない**ことが分かりました。12～15歳の生徒の80％近くが、広告記事とそうでない記事の区別がつかないことや、14～18歳の学生の80％が、画像投稿ソーシャル・メディアＩｍｇｕｒへの匿名投稿の内容を、事実として無批判に受け入れていることが分かりました。（出典：ｖｉｄｅｎｓｋａｂ・ｄｋ、２０１６年12月10日）

陰謀論や妄想めいたやり方でありもしないニュースがねつ造され、信じられないような煽りタイトルが付けられたものがフェイク・ニュースです。２０１６年のアメリカ大統領選で、ヒラリー・クリントン候補者がドナルド・トランプを支援しているとか、彼女のスキャンダルが隠された電子メールを調査していたＦＢＩ捜査官が、アパートで死体となって発見されたとか、彼女が幼児性愛者の拠点となっていたワシントンのピザ屋と交流があったなどといったフェイク・ニュースが広まりました。これらの話は、全て真実ではありませんでしたが、それでも何度もシェアされました。

不快な内容

知って
いますか？

２０１０年、ヨーロッパの25の国に住む９～16歳の子ども２万５千１４２人を対象に、インターネットの使用状況について、アンケート調査が行われました。**デンマークの子どもの28％が、過去12か月の間に、インターネットでフラストレーションを覚えたり、不適切で見なければよかったと感じたりするようなコンテンツを見たことがある**と分かりました。（出典：Ｌｉｖｉｎｇｓｔｏｎｅ他、２０１１年）

クローズドなグループと匿名のホームページ

インターネット上のグループは数えきれないほど、たくさんあり、あなたのお子さんも意図的に、またはあまり意図せずに出合うことになるでしょう。例えばＯｆｆｅｎｓｉｍｅｎｔｕｍは、デンマークの匿名Ｆａｃｅｂｏｏｋグループで、２０１７年に閉鎖された時には、登録者数が10万人を超えていました。１０００人以上の若者が児童ポルノの所持や拡散の罪に問われてはじめて、利用者の親の大半がその存在を知りました。

さらに**拒食症の人たちが互いに痩せようと励まし合う匿名のホームページもあります**（このページは自信のない成長過程の少女を利用しようとする小児性愛者の巣窟であることも分かりました）。また**若者が薬物摂取について助言し合ったり、自傷行為、自殺方法について議論したりするサイト**もあります。他に、ユーザーがナチス思想や小児性愛の傾向やその他様々な事柄について話すサイトもあります。その手のサイトに引っかかる人は幸い少数ですが、それでもそういったサイトがあると知るのは大事です。

➡ P267 同調圧力とクローズドなFacebookグループについて、詳しくは267ページをご覧ください

子どものことが心配な時、どうしたらよい？

もしもお子さんが摂食障がいを発症しはじめたり、極端な思考に走ったり、薬物を摂取し出したり、自殺願望を抱くようになったりというような深刻な事態に陥っているのではないかと心配になったら、まず親で

あるあなた自身が冷静になるよう心がけましょう。**お子さんの部屋に乗り込んで、「このサイトを見たでしょう」などと言うのもやめましょう。**そうすることでお子さんが警戒し、完全に殻に閉じこもってしまう危険性があるからです。代わりに、**あなたが心配する事柄について、インターネットで何と書かれているのか少し調べ、それについてのよい記事や映画、テレビ番組、本などはないか探してみましょう。**

お子さんがいわゆる不良グループに属しているのではないかという心配があるのなら、次のステップとして、例えばいっしょに関連映画を見るなどして、様々なトピックについて話し合ってみましょう。子どもは自分自身と同じ問題を抱える登場人物に、関心を示しがちです。登場人物とその感情について親子で話すことで、お子さんの問題について間接的かつ自然に話し合うことができるでしょう。

もしもあなたに心配する理由があるなら（例えば、お子さんが特定のサイトをチェックしたり、心配な行動をとっていたりするのを見てしまったとか）、**様々な相談機関や信頼する心理士に連絡をしてみましょう。**そこであなたはどう対処するべきか、助言をもらえることでしょう。

ホラー

子どもはインターネットで無数のホラー映像やホラー画像、怪談を見付けられます。ホラー映画だけでなく、短い動画にもまた、人々を恐怖に陥れることを目的に作られているものもあります。さらにたくさんの不気味な物語や映画や画像、〝本物の〟お化けやエイリアンなどを見付けることができるでしょう。

〝子どもにとって安全〟とされるYouTube Kidsでも、子どもに不適切なアニメにすぐに出合うでしょう。一見すると、『ペッパピッグ』や『パウ・パトロール』、『ミッキーマウス』と同じような〝普通の〟アニメに見えるかもしれませんが、奇妙で不愉快なビデオに、突然、早変わりするのです。例えば、ペッパピッグが父親を食べはじめ、さらに自分の肌をスライスしてベーコンにする動画や、ミッキーマウスが耳を切り落とす動画もあります。この件について、私ははっきりとこう勧めたいと思います。**「小学校入学までは、子どもに1人でYouTube Kidsであっても」**専門家の中には、親に子どもを見守るよう勧める人もいますが、私の考えでは、それでは十分ではありません。**いっしょに見るか、子どもにタブレットや携帯電話を渡さないようにすべきです。**

お子さんがまだ小さいうちから、よい習慣を身につけさせはじめるべきです。子どもはまず何より、タブレットや携帯電話を、あなた方親が手に持ち、いつも見ているものとして認識します。**電子機器を子どもの小さな〝秘密〟の世界にするべきではありません。**YouTubeで映画をいっしょに見ながら、「子どもを脅かすために、不気味なことをするのを愉快に思う人もいるのだよ」と話してみてください。だから、何だかよく分からないものをタップしてはならないのです。お子さんにはまた、例えば他の子の家で遊んでいる時も、**自分の家庭のルールを破ってまで、他の家庭のルールに合わせるのは断るよう教えるべきです。**

インターネットを自由に検索できる大きな子どもは、見てもよい気分にならないものに、すぐ行き当たってしまうでしょう。そういった子どもたちが見る可能性がある事柄を制限するのは不可能とまでは言わずとも、難しいでしょう。制限するのでなく、自分でインターネットにどんな動画が氾濫しているか調べてみましょう。

YouTubeで、「怖い動画」とか「不気味な動画」と検索すると、あなたがたとえ眠れたとしても、夜中、うなされるであろうものも出てきます。

何の警告も何のフィルタリングもなく、ただ検索して、ちょっとタップしただけで、ひどく不気味な動画が流れ出すのです。格好付けるためや、退屈を紛らわすために、不気味な動画を自ら進んで検索する子もいます。ここデンマークには、見るに堪えない動画を見てしまったのに、怒られるのが怖くて、親に話せずにいる子どもがたくさんいます。なので、**お子さんが何か不気味なものを見てしまったら、すぐにあなたのところに相談にいけるとお子さんが感じられるようにすることが大事です。**

中には、恐怖映像やホラー映画に特に激しい反応を示す子どももいるようです。これは特別な才能に満ちた子どもや、アスペルガー症候群の子どもに特に当てはまります。これらの子どもは世界を主に視覚に頼って捉えているので、見た映像を頭から追いやるのが信じられないぐらい難しいのです。子どもたちがホラー映画を見たがったからといって、そのまま見せてしまうことに強く反対します。理由は明白で、そういう子たちはそういった映画を見るのに耐えられないからです。子どもに例えば次のように言うことで、ホラー映画を見ないよう伝えることができます。「見たらきっと辛くなるから、やめなさい。

あなたがそれでもホラー映画を見ようとするなら、私にはどうにもできないけれど、ホラー映画を見るのをあなたが苦手ってことは心に留めておかなくてはなりませんよ」**子どもがホラー映画を見るのを直接禁じなくても、子どもに注意喚起する**ことで、親としての責任を果たせます。

あなたがホラー映画を見るのに耐えられない子どもの親なら、常に少し警戒しておくべきです。例えばお子さんが映画を見る会に呼ばれたら、あなたは、お子さんに何の映画を見るのか聞いてよいでしょう。ホラー映画を見る、または見るかもしれないと分かったら、参加させられないと伝えましょう。大抵は、主催する子どもに、他の映画にするよう言えるでしょう。ホラー映画を見せる計画をしているのが、学校や学童だとしても、同じことがもちろん言えます。信じられないことに、そういったデンマークの学校や学童の話を私はよく聞きます。

ポルノ

小学生以上の子どもは皆、ポルノやアダルト動画といった言葉を聞いたことがありますし、それが何かをある程度、知っています。**7~8歳の子どもの大半が、アダルト動画を見たことがあります。自ら検索しなくとも、他の事柄を検索していると、ポップアップ画像や動画が画面に現れることがあるからです。**

私は最近、講演の準備のため、Ｇｏｏｇｌｅで「セクシャリティ」という言葉を検索しました。するとたちまち、画面がポルノ画像で埋め尽くされました。画像にカーソルを置くと、動画が流れ出しました。大半の子は、サイト検索をしている時に、アダルト・サイトのポップアップ広告が現れたり、ウェブ・カメラを使って性的な誘いをする女性たちの画像や動画を見てしまったりした経験があるようです。今の子どもはこのように、画面をほんの2、3度クリックしただけで、すぐにポルノが出てくるため、全く目に入れないようにするのは難しいのです。

知っていますか？

2014年の調査で、**9～16歳のデンマークの子どもや若者の52%が、ここ1年で、〝明らかに性的〟な人物が出てくる画像や動画を見たことがある**ことが分かりました。

（出典：Mascheroni og Ólafsson、2014年）

親であるあなたは子どもにポルノについて教える特別な責任を負います。あなた以外にそのような責任を負う人はいないのですから。性教育の現場で、子どもたちは様々な避妊法をしばしば紹介され、それらについて少し学びます。またポルノについて、性教育の授業でほんの少し聞かされるかもしれませんし、ポルノが現実と違うということを教えられるかもしれませんが、セックスがどんなものなのか知らされることは滅多にありません。子どもは**ポルノというのは空想の世界で、主に男性が男性の視聴者のために作っているものだと知るべき**です。子どもたちは、**ポルノはお芝居で、女性は必ずしもそこで行われていることが好きなわけではないこと、また男性は現実には、ポルノの中のようにセックスする**

ことはできないということも知るべきです。

ポルノについてどう話せばいい？

親がポルノについて話そうとすると、子どもは不快に思うものですが、それはどうしようもありません。親がポルノについて話す間、子どもたちは背を向けるのを許されるべきですが、実際のセックスはポルノの中で行われるものとは違うと知ることが大事です。

子どもはポルノ俳優や女優は、お金をもらって、そこで行われていることを好んでいるふりをしていると いうことを、何よりまず知るべきです。さらにポルノ俳優や女優の多くが整形手術をしており、元の体はポルノの中のようではないということも知るべきです。人が性的に興奮するきっかけは様々で、他の人には過剰に思えるものを見るのが好きな人もいるということを話しましょう。子どもはまた、見るのは好きでも、実際にはしたくないことを空想し、見たがる人もいるということも知るべきです。

セックスやポルノについて子どもと話すのが難しそうなら、本や冊子、映画や何か教材を見付け、テーマについていっしょに、または各人で読んだり、見たりするとよいでしょう。

早い段階からポルノについて親子で話をすることで、子どもはポルノというのは親であるあなたと話してよい話題なのだと認識します。そうすることで、ポルノについて話題に出しやすくなるでしょう。あなたはまた、大きくなれば、ポルノを今ほど怖く思わなくなるということも話すとよいでしょう。ポルノを見るのを好きと思う子もいれば、大きくなってきても、ポルノを不快に思う子もいるでしょう。

子どもが大きくなってきたら、ポルノの倫理的問題について話し合ってもよいでしょう。**自分たちが見たポルノが非倫理的な方法で作られていないか**、どうしたら確証が持てるかなど、話し合ってみましょう。

子どもはポルノから様々な影響を受けます。**小さい子ども（7～12歳ぐらい）と大きい子ども（13歳以上）とでは、受ける影響の度合いは違っています。**

7～12歳の子ども

ポルノは幼い子どもに特に恐怖を抱かせる大きな要因となるようで、2、3秒見ただけで、非常に不愉快な感情と映像で頭の中が一杯になってしまうでしょう。中には、他の子よりも視覚的影響を受けやすい子もいて、そういう子は頭から不快な映像を追いやるのが難しいようです。そして何年も脳に映像が〝こびりついて〟しまうのです。子どもは自分でポルノ関連の言葉を検索したのではないのに、**意図せずにポルノを見てしまう**ケースが多いようです。例えばＹｏｕＴｕｂｅで勝手にポルノ映像が流れ出したり、ポルノのポップアップ広告が現れたり、他の子から目の前にポルノ画像や動画を突きつけられて、「これ、見てみろよ」と言われたり。その子も実は元をたどるとその子より少し年上の子ども、例えばきょうだいから見せられて、それを同級生に見せてしまうケースも多いようです。

知って
いますか？

デンマークの子どもの生活実態調査のプロジェクト・マネージャー、ベンテ・ボセロップによると、**デンマークの子どもがポルノをはじめて目にする年齢は、8歳にまで下がってきている**ことが分かりました。

（出典：ベアリングス紙、2017年10月18日）

ポルノを目にしてしまった子どもたちは、自分たちが何を見たのか理解できませんし、見た後で、不安や恐怖、吐き気をどうして自分が覚えるのかも理解できていません。ですがポルノを見てしまったことを、お父さんやお母さんに話したくないということだけは、自分自身、認識しています。心理士である私にも、促されない限り、ポルノを見たとは言いません。私は子どもたちの生活について質問をしながら、こんな風にさりげなく聞きます。「これからすごく変なことを聞きますよ。ポルノを見てしまったせいで、怖い思いをしていると話す子どもはたくさんいるの。あなたにも同じ経験はない？」するとほとんどの子が目を丸くし、見たことがあると答えたり、泣き出したり、気持ち悪かったと話したりしました。

私は夜中、急にお父さんとお母さんと寝たくなって、夫婦の寝室に行き、2人がセックスする声を聞いてしまったり、その様子を目撃してしまったりした7～12歳の子どもにも会ったことがあります。**ポルノには、女性が陵辱される内容のものが非常に多いようで、それを見た子どもたちは女性が気持ちよいからではなく、苦しくて声を上げているのだと思う**ようです。**親の寝室からもポルノで聞いたのと同**

じような声がするのを突然耳にした瞬間、点と点が繋がり、子どもは母親が暴力を受けていると思いかねません。母親を守るため、また同じことが起きるのを防ぐため、親の寝室で寝ようとするようになることもあります。そのことで親も子どもも、戸惑うでしょう。そうなった場合、子どもにはっきりと、**親だけで寝てもよいか聞き、セックスはよいものだということも伝える**とよいでしょう。また声はできるだけ小さくし、子どもがぐっすり寝入るまで、待つようにしましょう。それでも時々は子どもに聞かれてしまうリスクはあるでしょう。中には子どもに二度と同じ思いをさせないため、セックスするのをほぼ完全にやめてしまう夫婦もいるようです。そのような誓いを立てるのでなく、**「お父さんとお母さんは2人で寝るよ」「セックスは自然で素晴らしいことだよ」「実際のセックスはポルノとは別物なんだよ」と話すとよいでしょう。**

子どもがポルノに対し過剰な反応を示すなら、複数の要因が絡まり合っているのかもしれません。断れなかったり、大人に言えなかったりしたことに対する自責の念や羞恥心が背景となっていることもあるでしょう。そういう子たちは、**ポルノを見たことに罪悪感を覚えていたり、ポルノを見たと話したら怒られると思ったりしている**ことが多いようです。中には、**ポルノで見たようなことを母親もされているのではないかと心配する子もいる**ようです。「同じ経験をしている人はたくさんいますよ。そういう反応を示すのはごく普通のことです」と私が話すと、子どもたちはひどくほっとします。またセックスは素晴らしいもので、ポルノで見るのと同じようなことが行われることは滅多にないと聞くことで、子どもたちがほっとすることもあります。

話をしましょう

お子さんがセックスについてしてくる質問の傾向が突然変わって、例えば、オーラル・セックスやアナル・セックス、動物とのセックスや、2Pや3Pといった複数人での性交について聞いてくるようになったら、何歳であろうと、ポルノについてきちんと話をすべき時です。

13歳以上の子ども

13歳以上の子は皆、ポルノの存在を知っていて、ポルノが実際のセックスと違うとよく分かっています。とはいえ、実際のセックスがどんなものなのかは知らない子がほとんどです。学校で行われる性教育では、性病やポルノ、避妊について主に教えられ、セックスの仕方や、セックスに伴う感情についてはあまり扱わないようです。

知って いますか？

２００６年に北欧で行われた大規模な調査で、**14歳の少年、少女の大半が、ポルノを見たことがある**ことが分かりました。（出典：Søren og Knudsen、２００６年）

セックスについての知識を主にポルノから得ている若者もいるようです。そういう子たちは、体型や性欲、性的能力について、非現実的な期待や妄想を抱きかねません。**ポルノで見たペニスが自分のペニスよりずっと大きく見えたと、ひどく悲しむ男の子**と私は話したことがあります。**セックスをはじめて1時間もしないうちに射精してしまうと、自分に欠陥があるのではないかと感じる子**もいるようです。ポルノに出ているのは主にポルノ俳優であり、セックスについて非現実的なイメージを作り上げるような編集がされていることを、若者たちに話す人がいないケースが多いようです。

ポルノで繰り広げられる行為の大半は、性的ファンタジーであることを知らない若者が多く、ポルノの中でのセックスを普通のセックスと誤解し、そういうセックスを好きだと思えないと、自分は間違っているとか、おかしいのだと思う子もいるようです。**ポルノで行われていることを、本当はしたくないのに、自分自身やパートナーに課す若者もいる**ようです。ポルノで見たセックスを、普通だと勘違いして、ガール・フレンドを手荒に扱ってしまった男の子と私は話したことがあります。またポルノの真似をして、自分の境界線《ボーダーライン》を超えた行為をした女の子とも会ったことがあります。ポルノは、相手のことを好きだからこそ、セックスを楽しみ、セックスに没入できるということは滅多に示しません。そのため、恋や愛による体の触れ合いから、まだ本当は双方、したくないのに、急いでセックスに進まなくてはと焦る若者もいるようです。このようにして、ポルノの空想世界と理想に追いつこうとするあまり、自分自身の、また互いの境界線《ボーダーライン》の両方を踏み超えてしまうのです。

もう1つの問題は、ポルノに信じられないぐらい簡単にアクセスできるため、**一部の若者が際限なく**

見てしまうことです。最悪、極度のポルノ依存になってしまう子もいます。ポルノ依存になるとどうなるのか、明確に言うのは難しいのですが、私はポルノ依存になった末、インポテンツになってしまった若者を複数人知っています。幼い子どもも大きな子どもと同じように、暴行を受けた後のような身体的な反応を示すこともあります。あなたが親としてお子さんと、**ポルノがどんな害を及ぼしうるのか、またセックスというのは普通の行為なのだと話す**ことが大事です。また**ポルノを時々見るのは害にならない**こと、またその際、ポルノが現実と違うということだけは覚えておくようにとも、もちろんお子さんに知らせるべきです。

ポルノについて話す時、あなたが**過度に道徳的になったり、審判を下したりしない**ことが大事です。**男の子も女の子もポルノを見るのはごく自然なこと**で、ポルノで繰り広げられる空想の行為を見て欲情するのは悪いことではありません。ポルノについて話す目的は、必ずしも子どもにポルノを見ないようにさせることでなく、単にポルノについての理解を深めるためです。子どもはまず何より、ポルノは演技であると理解すべきで、その上で、ポルノ産業について話をするのもよいでしょう。インターネット上に無料でアップされているポルノ動画は、例えば出演したくない人を無理矢理出演させたり、子ども（18歳未満）が出ていたり、強要する内容だったりと、非倫理的で非合法的な方法で作られているものもあります。そのため、**どうしたら責任あるポルノの視聴者になれるか話し合う**ようお勧めします。

オンライン・グループ

大半の子どもや若者は、オンライン上のグループに何かしらの形で加わっているはずです。例えば、学校の友だちや趣味が同じ人とSnapchatのグループを作っていたり、ゲーム上で繋がっていたりする人と、オンライン・グループで緊密な友情が育まれることもありますが、**互いに人と人として知り合うことなく、いっしょにただゲームをしたり、特定のトピックについて議論したりするケースもあるようです。子どもがどんなオンライン・グループに属しているか親がきちんと把握することが大事です。オンライン・グループは、子どもにとって、学校やクラブ・チームの友だちと同じぐらい重要であると認めるべき**ですが、それでも、**学校やクラブ・チームの友だちに完全に取って代わるものではない**ことは認識すべきです。

バーチャルの友情とオフラインの友情

バーチャルの友だちやオンラインの友だちというのは、比較的新しい概念です。それでも15歳の時分、世界各地に極めて親しいペンパルが3人いた私には、その感覚がちょっぴり分かる気がします。共通の知り合いがいない彼らには、自分の心の内を話しやすかったのです。私の人生の一部ではない彼らに、手紙の中で自分の問題を打ち明けることができました。それに近い感覚なのでしょう。今の子どもや若者には、ペンパルでなくオンラインの友だちがいます。オンラインでの交流は、日記の発展版のようですが、ペンパルとバーチャル上の友人には、決定的な違いがあります。オンラインの友人は、互いの姿を見ながら、話をすることができますし、話した内容への答えをもらうのに、3週間も待つ必要はありません。**離れていても、今、この場で喜びや悲しみを互いに打ち明け合い、助言し合えます。**

知って
いますか？

9～16歳のデンマークの子どもたちのインターネット利用について、2014年に大規模な調査が行われました。**49%の子どもたちが12か月の間に、現実には知らない誰かとオンライン上で連絡を取り合ったことがあり、17%がオンライン上で知り合った相手と実際に会ったことがありました。**

（出典：Mascheroni og Ólafsson、2014年）

大半の子どもにとって、オフラインの友情とバーチャルの友情との間には、大きな隔たりがあります。子どもたちは学校から家に帰ると、1日中いっしょにいた同級生たちと、オンラインや電話で話をしたり、メッセージを送り合ったりします。**オフラインかオンラインかで、話す内容も振る舞いも全く違ってきます。**さらに子どもたちは現実世界で知らない誰かと、オンライン上で友情を培い、家に帰るなり、そのケアもしなくてはなりません。このように確認し、回答しなくてはならないメッセージや画像が次々に送られてくるため、**ソーシャル・メディアの世界を休む時間が全く持てない子どもが本当にたくさんいるのです。子どもたちはほんの数分、答えが返ってこないだけで、相手が怒っていると思う**ことが、調査により分かっています。なので、**1日中オンライン上にいて返事をしなくてはならないプレッシャーを感じる子どもが多い**ようです。

バーチャルの友情は、第三者に監視されがちです。子どもたちは例えばある友だちがどこにいるか、誰と誰がいっしょにいるか、確認できたりします。また友だちが何分前までインターネットにアクセスしていたのか、受け取ったメッセージをいつ開封したのか確認できます。**バーチャルの友情に潜む圧力が、子どものストレスの原因になる**可能性は否定できません。なので、子どもとそのことについて話をしましょう。問題を把握するため、Ｓｎａｐｃｈａｔ、Ｓｔｒｅａｋｓ、Ｉｎｓｔａｇｒａｍや Ｍｅｓｓｅｎｇｅｒの仕組みを知ってから、話をはじめましょう。難しいテーマであっても、好奇心と謙虚さを示すようにしましょう。お子さんは様々なチャット機能について、あれこれ説明してくるかもしれませんが、それによりもたらされる問題や結果を見通せるのは、あなたなのです。

実に多くの子どもが、バーチャル上でいっしょにいるのと、オフラインでいっしょにいるのとは、同じぐらいよいことだと思っているようです。実際には、チャットをしたり、オンラインでゲームをしたりしているのに、〝いっしょにいる〟と言うのです。この場合、あなたは大人としてはっきりと明確に、**同じいっしょにいるのでも、バーチャルでいっしょにいるのと、オフラインでいっしょにいるのとでは、大違いであること、バーチャル上の友情が、オフラインの友情の代わりになりえないことを伝えるべき**です。オフラインで他人といっしょにいる方が、ずっとエネルギーを要するかもしれませんが、得るものもずっと多いはずです。第一に、**オンラインでいっしょにいる時に、全く働いていなかった感覚器官**

が、オフラインでいっしょにいる時には働きます。いっしょに遊んだり、いっしょに過ごしたりしている時に、互いに触れずにいるのは難しいため、私たちは嗅覚を働かせ、他の方法では捉えられない信号をキャッチします。2人の間に流れるとよく言われる、いわゆる〝化学物質〟には、物理的にいっしょにいることが必要なのです。いっしょに笑い、互いに触れる時、バーチャルでは再現できない事柄が起こるのです。

私たちが他の人と1つの空間にいっしょにいる時、その場に流れる空気を感じ取れます。同時に私たちは、常に互いのボディー・ランゲージやミミックや目線を読み取ります。**同じ空間でいっしょにいる人と心が繋がることは、豊かな人生を送る上で欠かせない**と私は信じてやみません。アメリカの哲学者、ヒューバート・L・ドレイファスは、肉体性なくして、知能は存在しえないとまで言いました。『インターネットについて　哲学的考察』（石原孝二・訳、産業図書、２００２年）の中で彼は、私たちを直感的で傷つきやすい存在にするのは肉体であること、肉体を失えば、人と人との繋がりも、行動も現実も、生きる意義も失ってしまうということを書いています。バーチャル上の人間関係に過度に頼ることは、人生の意義を失うことに繋がると彼は言います。私は彼に同意したいと思います。人間は社会的生きものので、社会と繋がりたいという本能を持って生まれてきます。私たちは周りに人がいないと、生き延びることができないのです。

人間は人間を必要とし、私たちは他の人といっしょにいないと、刺激を受けません。同時に、私たちは脳を休めることが全く許されないと、刺激を過度に受けてしまいます。私たちにはただぼうっとしたり、絵を描いたり、ボールで少し遊んだりと、たくさん考え込んだり、他者とコミュニケーションをとったりしない時間が単純に必要なのです。子どもは特にこの時間を必要とします。あなたのお子さんもまた、友だちからのメッセージがふいに入ってきたり、携帯にその他の通知が来たりせずに、1日に2、3時間、完全にリラックスし、オフラインで友だちと過ごす時間を必要としているはずです。これは親であるあなたが制御するのは難しいですし、労力を要することですが、避けては通れない道なのです。なぜなら本当にたくさんの子どもや若者が、助けを必要としているからです。

全ての子どもにはっきりこう伝えることが、大人の責任です。**「バーチャル上の人間関係は、オフラインの友だちの代わりにはならない」**私たち大人は、物理的にいっしょにいなかったのに、「友だちといっしょにいた」と子どもが話す時に、彼らを愛情深くかつ毅然と導くべきです。書くのと話すのとでは同じでないと子どもに伝えるべきなのです。子どもたちが部屋に明らかに1人でいるのに、それが人との交流と定義するのを許容されれば、社交というものの捉え方が歪んでしまうでしょう。

誤解と諍い

文字でコミュニケーションをとる時には、顔と顔とを合わせてコミュニケーションをとる時と違って、ささいなことで誤解が生じやすいです。このことについてお子さんと是非、話をしてみてください。今の子どもは、幼い段階から携帯電話を与えられ、SMSやMessengerでメッセージを送りはじめます。そのため、早期の段階で、話し言葉と書き言葉との違いについて少しずつ教えはじめることが大事です。覚えておくべき主なルールは、**「文字コミュニケーションでは、アイロニーやちょっとしたジョークやニュアンスが失われやすいので、考えや気持ちをあえて直接的に書くようにするべき」**ということです。何か楽しいことについて書こうとする時、子どもたちは本気で言っているのではないと相手に伝わるよう、絵文字を使うようになります。子どもたちはふざけて互いに「ふざけんなよ」などと言うことがありますが、それをメッセージで書く時、友だちに表情が見えていないことは心に留めておくべきです。そのため、**怒っていないと示すため、笑っている顔文字を入れる**のもよいでしょう。**誤解がしばしば生じがちなプラットフォームでは、もう一度読み直してから投稿する**よう子どもに教えましょう。なぜならそのような**誤解は、「送信」、「投稿」ボタンをすぐに押すことで起きる場合が多いか**らです。

知って
いますか？

2017年の調査に答えたデンマークの**親の59%が、10歳になるまで子どもに携帯電話を持たせるべきではないと答えました。**同じ調査で、**4~13歳の子を持つ親の68%が、10歳になる前に子どもに携帯電話を持たせている**ことが分かりました（平均は8・5歳）。（出典：TDC Group、2017年6月）

あなたの子どもが2分以内でメッセージを返してしまわないと、それを受け取った相手は怒られていると感じることでしょう。**諍いの多くは、返信時間が原因で生じます。メッセージが開封された瞬間に**

返事が返ってくると、相手は大きなプレッシャーを感じます。30分、携帯電話を持たずにいるよう言われると、「友だちを怒らせるのではないか」という恐怖から、ストレスを感じる子どももいます。あなたの子どもがそうなら、親子でそのことについて話し、お子さんが解決策を見付ける手助けをすることが大事です。お子さんがそれに当てはまるか分からない人は、次のように聞いてみましょう。「メッセージに何分以内に答えなくてはならないか、ルールを定めている子たちがいるみたいだけど、あなたのクラスはどう？」

あなたの子どものクラスにも、即レスしなくてはならないという決まりがあるようなら、**メッセージに答える前に、少し考える時間を持つのはよいことで、必ずしも怒っているからではないと伝えましょう。**他にあなたができるのは、例えば「あと30分したら、２時間、携帯の電源を切りなさい。あなたといっしょにいたいから」などと言うことで、**携帯電話を手放させる**ことです。このようにして、あなたはお子さんが友だちに、「何も分かっていない馬鹿な親に、あと少しで携帯電話を取り上げられるから、しばらく返信できない」とメッセージを書くチャンスを与えることができるのです。こうすることで子どもは2時間、メッセージのことは考えずに済み、大きな安心感を得ることでしょう。子どもの携帯電話の電源を落としている間は、あなたの携帯電話の電源も、もちろん切るべきです。

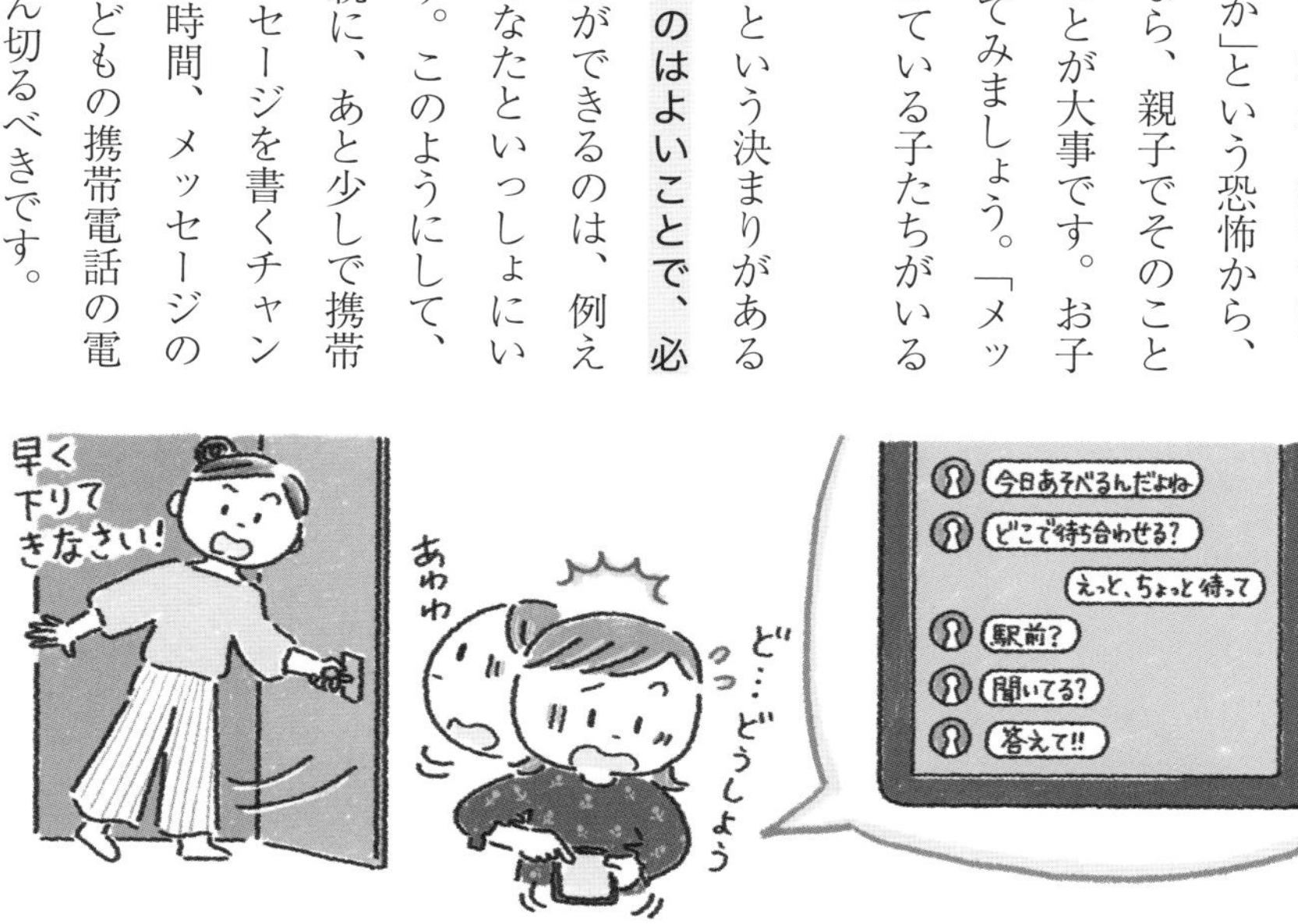
早く下りてきなさい！
あわわ
ど…どうしよう
今日あそべるんだよね
どこで待ち合わせる？
えっと、ちょっと待って
駅前？
聞いてる？
答えて!!

顔を合わせましょう

メッセージを送るのは、顔を合わせて話をするより、ずっと簡単です。なので、多くの子どもはメッセージを送るという選択をとりますが、親であるあなたは、**子どもに電話で話したり、実際に会ったりするよう促しましょう**──特に誤解や仲違いが起きている時には。

今時の友情は、大抵、現実世界とバーチャル世界との両方で育まれます。子どもたちは学校では友だちと同じ空間で過ごし、放課後や週末や長期休みの間は、オンラインでいっしょにゲームをしたり、話をしたり、メッセージを送り合ったりしています。これにはよい面と悪い面との両方があります。よい面は、難しい話題について話をしやすいところです。**画面によって距離が生まれ、互いに打ち明け話をするのが、楽になる**からです。ですが、この利点は、欠点にもなりえます。画面を通してコミュニケーションをとる時、距離が離れているがゆえに、**多くの誤解が生じうる**点です。２つ目は、**生身の人間を相手に話をしたり書いたりしているように感じにくいため、相手をいじめたり、ひどい言葉を送っても、面と向かって言うよりも心が痛みにくい**ところです。

お子さんが、**グループから仲間外れにするという脅しやいじめや悪口など、バーチャル上の人間関係で起こりうる問題について、あなたと話ができると感じることが大事**です。あなたが、ソーシャル・メディアやクローズドなグループやコンピュータ・サーバーで子どもたちがどう話しているか分からないなら、お子さんはあなたに助けを求めるのは、ほぼ不可能と感じるかもしれません。お子さんはあなたにたくさんの事柄を一から説明しなくてはなりません。事が深刻になってからでは、そのような力は残っていないでしょう。

もしもお子さんがオンラインでゲームをしたり、メッセージを交換したり、話をしたりしている相手をあなたが知っているなら、通常しているのと同じように、諍いに対処することができるでしょう。お子さんと話をし、よい関係を築き、他の子どもの親とよい関係を築くよう心がけましょう。お子さんが友だちと話し、ともに諍いを解決することで、あなたはお子さんだけでなく他の子どもが、自分自身や互いのことをさらに理解する手助けをすることができるかもしれません。**人が長期間集まっている場所では、不和や諍いが常に生じえます**。それは全くもって自然なことで、避けるべきではありません。お子さんに諍いへの思慮に満ちた対処法を教え、**あなたもいっしょに諍いに対処する**ことが大事です。

もしもあなたが子どものバーチャル上の友人を知らないなら、お子さんを通してしか、諍いに対処できないでしょう。感覚を研ぎ澄まし、あなたの子どもの話し声に耳を澄ませ、会話が終わる時、どんな様子だったか気付くようにしましょう。**深刻ぶらないあっさりとした口調で、子どもの友だち関係について聞き出しましょう**。オンラインの友情で難しい状況に陥る子どもがいると聞いたことがあると話し、子ども自身、またはクラスの友だちも同じ体験をしたことはないか聞いてもよいでしょう。大事なのは、あなたがオンラインの友情に関心があり、そういった事柄に足を踏み入れる努力を少しでもしていると子どもが感じることです。あなたがオンラインの世界の最新事情についてあまり通じていなくても、さして問題ではありません。

多くの親は、わが子が、親との深刻な諍いや暴力、リストカットといった問題を抱える子どもと付き合っているとは思ってもいません。私は対処のしようのない暴力行為を時々見聞きすると話す子どもと頻繁に話しています。アメリカにいる友だちとＳｋｙｐｅやＦａｃｅＴｉｍｅで話をする時、その友だちの親が激しく言い争うのを耳にしたとしても、友だちを助ける具体的なアクションを起こすことはできないでしょう。オンラインの友だちについても、難しい事態に直面した時、あなたのところに常に来て相談するよう、お子さんに呼びかけましょう。オンライン上の友だち関係を禁じないようにすることが大事です。禁じてしまえば、お子さんはあなたにそれを隠すようになるでしょう。お子さんに、「あなたができるのは、お友だちの話を聞いてあげることだけだよ。でもそれはその子の大きな助けになるかもしれない」と話してあげましょう。あなたはまたこう言うこともできるでしょう。「あなたの友だちは、先生や友だちの親に助けを求めることができるかもしれないよ」するとお子さんは、あなたからの助言を、友だちに伝えるかもしれません。

社会性に困難を抱える子ども

五感が敏感で、他の人といっしょにいると、すぐに刺激を受けてしまう子どももいます。そういう子は、他人の言葉の曖昧な部分（ニュアンスや言外の意味）を読み取るのにもまた困難が伴います。これらの子どもは孤立し、孤独になるリスクが高いです。なぜならそういう子たちは社会と繋がることに逃げ腰になるからです。それには2つ理由があります。1つ目の理由は、**物理的に他人といっしょにいることで、刺激を受けすぎるから**です。2つ目の理由は、**同年代の子どもとどのように関わったらよいか、分からないから**です。そういう子たちは、どう振る舞ったらいいかが分からないとしばしば私に打ち明けます。

お子さんが他者と物理的にいっしょにいるのが難しい症状で苦しんでいるなら、本人がその状況を把握することが大事です。人は皆、優しさや交流、集団に属しているという感覚を求めています。自閉症スペクトラムの子どもは、ぎこちない態度をとったり、過度な緊張で重荷を感じたりせずに、他の人といっしょにいる方法を学べます。子どもがオフラインの友だちから完全に孤立してしまえば、その子が元々社交的だったかどうかに関わらず、友だちと関わるのはより一層大変になるでしょう。コンピュータの向こう側にいる友だちを作る方が簡単であることは全くもって疑いようがありませんが、同時にバーチャル上の友だちしかいない子どもが孤独を感じていることも、疑いようがありません。そしてそれは子どもが意図的に選択したものであることは決してありません。**子どもにバーチャル上の友だちしかいないなら、それらの友だちとの交流を許すべき**です。ただ、どれだけの危機に直面しようと、どんな診断を受けようと、人には最低でも1人は実際に顔と顔とを合わせて話のできる友人が必要で、それゆえ**お子さんがかけがえのない友だちを見付けたり、交流したりする手助けをすることが大事**です。

Få styr på dit barns digitale verden

Chapter 4

この章からあなたが学んだ5つのこと

❶ エンターテインメントに延々とさらされるのでなく、どこかの時点でけじめをつけるべきです。

❷ 子どもが知識を得る手助けをしましょう。

❸ 子どもを早い段階で大量のニュースにさらさないよう注意が必要です。

❹ 子どもがネットやソーシャル・メディアで何をフォローしているか、知りましょう。

❺ 子どものオンライン上での人間関係に関心を持ちましょう。

Få styr på dit barns digitale verden

Chapter 5

第5章

子どもがゲームをしたがる理由を知ろう

この章に書かれていること

- □ 子どもがゲームからどんな影響を受けるのか理解しましょう。
- □ 子どもがゲーム中毒になったら、対策をとりましょう。
- □ ゲーム利用のルールを定めましょう。
- □ 子どものゲーム利用に責任をとり、関心を示しましょう。
- □ 子どもがプロ・ゲーマーになりたいと言い出したら、その気持ちと向き合いましょう。

親子の認識の隔たりが大きい分野は、ゲームです。多くの子どもが、親たちは人生の楽しみをちっとも分かっていないとか、ゲームを問題視しすぎているなどと思っているようです。子どもたちはあちこちのゲーム・サーバーに小児性愛者や犯罪者がうようよいるわけでも、暴力的なゲームをしたからといって暴力的になるわけでもないと、親たちに必死に説明しようとします。一方、親たちは、自分たちは蚊帳の外と感じています。大抵の親たちにはゲームのことはあまり分かりませんし、ゲームをすることが子どもにどんな影響を及ぼすのか、理解できていません。そのため、子どものゲーム利用をコントロールし、ルールを定めるのは難しいと感じています。そうして全く制限を設けなかったり、逆に特定のゲームを禁止したり、ネットを切ったりといった反応を示すのです。

ゲームについての全般的アドバイス

❶ 幼い時から子どものゲーム利用について、明確な時間制限を設けましょう。
❷ ゲームは、運動や社交の代わりになりえません。
❸ ゲームを禁止されると興奮するなど、依存の兆候がないか目を光らせましょう。
❹ 夜中は特に、子ども部屋に携帯電話やコンピュータやタブレットを持ち込ませないようにしましょう。
❺ 家族全員、時折はオフラインで過ごすようにしましょう。

❻よいお手本になりましょう。夕食中は、携帯電話やコンピュータの電源を切りましょう。運転中にメッセージを入力するのはやめましょう。

子どもはゲームにどう影響される？

子どもがゲームにどう影響されるのか、一概には言えません。子どもは皆それぞれ違っていて、ゲームをすることで受ける影響も様々です。なので、**親が自分の子どものことを知り、その子にとって必要なルールを定める必要があります**。行きすぎだと自分で感じた時点で、どうにかして自らブレーキを踏める子もいれば、暴力的で口汚い言葉や性的表現が飛び交うゲームをついしてしまったり、ゲームを何時間、何十時間としてしまったりする子もいます。**ゲームの種類や遊び方によって、子どもが受ける影響も様々です**。ゲームと一口に言っても、携帯ゲームから、マインクラフト、ザ・シムズやフォートナイト、カウンターストライク、ワールド オブ ウォークラフト（World of Warcraft）まで多岐にわたります。さらにそれらのゲームのプレイの仕方も様々です。家を建てたいからザ・シムズで遊ぶ子もいれば、シムを虐待したり、シム同士を互いに裏切らせたりして楽しむ子もいるようです。フォートナイトやワールド オブ ウォークラフトも、1人でやるか、皆でいっしょにするかで、また大きく違ってきます。ですので、ゲームが子どもにどう影響するか、一括りにして言うことはできません。親は子どものことを知り、子どもがどのゲームで、どのように遊んでいるか知る必要があるのです。

価値、倫理、道徳

私は子どもたちがゲームの世界の価値観を、現実世界でも適応しようとするのではないか——特にその子が暴力的なゲームをしすぎた場合——と心配する親を、目にしてきました。そしてそれは実際、一理あります。子どもは何が正しく、何が間違っているか、まだあまり分かっていません。他人の行動を観察することで、自分がどう振る舞うべきか、イメージを少しずつ形成させていきます。親であれば大抵、子どもが次のようなことを言うのを耳にした経験があるでしょう。「ほら、嘘をついた。今朝は〇〇って言っていたのに」子どもがそういったことを口にするのは、大人の行動に疑問を感じているからです。嘘は、時々ならついてよいものなのでしょうか？　子どもは何をしてよくて、何をしてはならないか、どう行動するべきで、どう行動するべきではないのかを、強く意識しているものです。暴力的なゲームで見た暴力的な言葉や行動を現実世界でもしようとして、咎められなければ、他者に対しどう振る舞うべきかについて、考えが歪んでしまう危険性があります。あなたから見て、間違った価値観やメッセージを含んでいるように思えるゲームを、必ずしも禁ずるべきということはありません。それよりは、むしろお子さんに1日何時間も1人でゲームをさせないようにすることが大事です。特に極端に暴力的なゲームは、子どもがどんな行動をとっているかに関係なく、何時間も1人でさせないことが大事です。暴力的なゲームの中で起こっている事柄について、親子で話すことも大切です。子どもがゲームに洗脳されないようにするため、批判的なものの見方を教えましょう。ゲームの中で行われていることは普通の行動ではなく、道徳的判断基準になりえないということを理解させなくてはなりません。

複数の調査から、暴力的なゲームをすることで、他人から敵対心を持たれていると考えるようになる危険性があることが分かっています。例えば誰かがぶつかってきた時に、暴力的なゲームをしている子は、わざとされたと思い、仕返ししようとする傾向があります。また別の調査で、暴力的なゲームをする子どもは、共感力が低く、攻撃的な思考を持ちやすく、他人の不幸を何とも思わない傾向があることが分かりました。これはしごく単純な話です。1つのことを何度も反復して練習することで、脳は影響を受けます。攻撃的に物事を捉え、反応する練習ばかりすると、それらに熟達してくるのです。ですが、普通に育てられ、社会性に長けた子どもが、暴力的なゲームをしたからといって、必ずしも犯罪者になるとか、社会性を欠いてしまうとかいうわけではありません。ゲーム自体は、大きなリスク因子にはなりませんが、他のリスク因子がある場合、コップに注がれた暴力的な欲望の水が、ほんのわずかな一滴で、溢れる可能性があるのです。

他人を助け、優しくしてあげるゲームをすれば、現実世界でも、親切で思いやりに満ちた子になる可能性が高いことが分かっています。暴力的なゲームであっても、共通の目的に向かって他人と協力し合うゲームなら、対戦タイプのゲームより害が少ないことも、研究により分かっています。お子さんがゲームに興味を持っているのなら、よい価値観やメッセージを含んだゲームをするように、導くとよいでしょう。

よいゲームをどうやって見付ける？

日本の図書館では違っているでしょうが、デンマークの大半の公共図書館では**ゲームを借りられますし、大半の図書館司書が、ゲームについて、子どもの年齢に応じたアドバイスができます**。Ｇｏｏｇｌｅ検索が、図書館司書からもらえるアドバイスと同じぐらいよいわけでは必ずしもありません。Ｇｏｏｇｌｅ検索をすると、ゲーム会社が広告料を払って掲載してもらっている記事が上位にヒットすることがよくあるからです。なので、**中立的な立場であるはずの図書館を情報源に選ぶとよい**でしょう。それに図書館に行けば、本や漫画もついでに見付けられるかもしれません。

よいゲームを見付ける別の方法に、ゲーム・ポータルの「Ｓｔｅａｍ」で、プロフィール・ページを開設することがあります。そこでは、たくさんのゲームを見付けられ、買ったり、ダウンロードしたりできます。各ゲームの特集ページもあり、トレイラーを見たり、ユーザー・レビューを読んだりすることもできます。検索条件を【家族向け】や【リラックス】などに設定し、ユーザーからの評価が高いゲームを選びましょう。そうすることであなたは、よいゲームをほぼ確実に見付けられるでしょう。

集中力と学び

ゲームは、知識を能動的に使うための楽しくて効率的な学習手段になりえます。様々な動物の食性について本を読むのもよいですが、動物と植物の間でバランスが保たれているということを知れるよう、動物園などに設置されているシミュレーション・ゲームで遊ぶのもよいでしょう。**ゲームはチェスなどと同じく、脳の体操にもなります**。難易度が上がっていき、短い時間で問題を解決し、集中することで、脳を鍛えられます。**様々なゲームによって、脳の様々な部位が鍛えられます**——例えば、脳のワーキング・メモリを鍛えることで、集中力が増し、模様や情報を素早く認識できるようになります。

ワーキング・メモリ——あなたの脳の書き物机

ワーキング・メモリによって、私たちがいくつ物事を覚えられるか、またどれぐらいの間1つの物事に集中できるかが決定づけられます。話をしたり、読んだり、書いたり、計算したり、考えたり、反復したり、深い考察を巡らせたり、質問をしたりする時、ワーキング・メモリが機能します。ワーキング・メモリは、脳の書き物机のようなもので、その机には、一定量の知識が収納されています。**書き物机が散らかるか、物で一杯になってしまうかすると、不安になったり、集中できなくなったり、忘れっぽくなったりします**。机の大きさは人それぞれで、整理が上手でないと、すぐに物が溢れ返ってしまいます。机を大きくすることは、どう頑張ってもできませんが、**特定のゲームにより、机を片付ける能力が養われる**ことも分かっています。ですが、**ゲームに机の場所をとられ、他のものを置く場所がなくならないよう、注意が必要です**。

見るからに勉強になりそうな学習ゲームもあります。市場で学習ゲームと銘打たれていないゲームの中にも、たくさんの情報と学びが含まれるものもあります。知的好奇心を刺激し、クリエイティブで、お金稼ぎが主な目的でなく、子どもの遊びや、価値あるもの、芸術や知識を伝えることを重視し、開発されたゲームもたくさんあります。**一見すると暴力的なゲームも、実は学びに満ちていることもあります**。戦争ゲームには、歴史上の出来事を下敷きにしているものも多くあります。グランド・セフト・オート（ＧＴＡ：Ｇｒａｎｄ Ｔｈｅｆｔ Ａｕｔｏ）といったゲームには、車を盗んだり、罪のない人を轢いたりするだけでなく、アメリカの社会風刺も見られます。これらのゲームに問題が全くないというわけではありませんが、そこから何かしら得るものもあるということです――対話し、ともに考えるのであれば特に。

ゲームには学びの可能性が大いに秘められていますが、注意すべき落とし穴もたくさんあります。**日常的にゲームをしている子どもの成績は悪い傾向がある**ことが、複数の調査から分かっています。これは子どもがゲームすることで、勉強したり、宿題をしたりする時間が減ってしまうからかもしれません。**子どもがゲームをすることで得られる学びは、勉強したり、宿題したりすることで得られる学びよりも、限定的であることが多いです**。例えば、テトリスをたくさんすることで、画面上の特定の場所にある特定の形や色を見る脳の能力が養われます。ですが、それで必ずしも、注意力や反応力全般が鍛えられるとは限りません。

知って いますか？

ある調査で、**ゲーム経験が長い人は**、経験の浅い人より、画面の上での問題解決能力に長けてはいても、同種の**問題を現実世界で解決する能力に長けているわけではない**ことが分かりました。ゲームをしても、必ずしも長い時間軸で、物事を全般的に解決する能力が強化されるわけではありません。

（出典：Ｂａｖｅｌｉｅｒ他、２０１５年）

ゲームを適切な時間することが集中力によいか悪いか、単純には言えません。複数の研究により、**ゲームをする子は、画面上で問題を解決するのに長けていても、画面を取り上げられた途端、集中力を失ってしまう**ことが分かっています。**ゲームによって画面上の視覚的印象を素早く、効率的に見極める能力は高まっても、教室などでゆっくりと発展していく情報に集中する能力は低くなる**という調査結果もあります。他にも様々な調査により、**たくさん（1日に4~5時間）ゲームをする子は、注意力や集中力が全般的に低くなる**ことも分かっています。

２０１２年に、アメリカの調査グループが、ゲームとＡＤＨＤ（注意欠如・多動性障がい）の関係性について調べました。この調査は、それぞれの子どもが元々備えている能力は異なることを前提としています。子どもの中には、集中力や衝動を抑える力に、元々困難を抱えている子もいれば、抱えていない子もいます。調査によると、**長期間にわたりゲームをたくさんする子は、本来持っていた能力とは関係なく、注意力が欠如したり、衝動を抑えられなくなったりする**ことが分かりました。ゲームをする時間数が長ければ長いほど、問題が大きくなっていきます。この観点から、暴力的なゲームは、暴力的でないゲームより悪影響を及ぼすのですが、**どのゲームをするかより、合計プレイ時間数の長さの方が、子どもに影響を与える決定的要素になると言えます。**

うちの子、ＡＤＨＤかも？

もしもお子さんがＡＤＨＤ（注意欠如・多動性障がい）かもしれないとご不安なら、ＡＤＨＤ検査前の1か月間、ゲームをさせないようにしてみてください。子どもの脳が長期間ゲームから解放され、休まった際に、**ＡＤＨＤの兆候がなくなるかどうか見てみてください。**スピード感のあるアクション・ゲームを、普通のテンポのゲームと同じぐらいしてしまうと、ＡＤＨＤを疑われる行動が増える可能性があります。**ＡＤＨＤとＡＤＤ（注意欠陥障がい）の子どもは、そうでない子どもに比べ、ゲームに惹かれる傾向があるようです。**なので、ＡＤＨＤやＡＤＤの兆候が、長時間のゲーム・プレイが原因で見られるのか、元々困難を抱えているからゲームをたくさんしてしまっているのか、見極めることが大事です。

研究により、**ＡＤＨＤの子どもは、そうでない子に比べ、ゲームに惹かれる傾向がある**ことが分かっています。それは、なぜでしょう？　私が思うに、**ゲームには非常に分かりやすいルールがあり、それゆえゲームをすることが簡単で、分かりやすく思えるから**ではないでしょうか。現実の世界が、空気を読まなくてはならないような、曖昧で繊細なメッセージに満ちている一方、ゲームの構造とルールは明確で分かりやすいのです。そのため、現実世界で行動するより、ゲームをする方が、くたびれないのでしょう。ＡＤＨＤの子どもは、脳を覚醒させ、集中力を保つために、体を活発に動かさなくてはならない場合が多いのですが、**ゲームをすると、アドレナリンの分泌が促され、体を動かすのと同じ効果が得られます。そのため、ＡＤＨＤの子どもはゲームをする時、多動が収まることが多いのです。**

ストレス

ゲームによりかかるストレスと影響の度合いは様々です。刺激の強いゲームよりも、穏やかなゲームの方が、子どもにとって健康的であることは疑いようがありません。問題を抱えていない子どもなら、ゲームを途中で中断したり、長い休憩をとったりすることで、心の平穏を保てるでしょう。例えば、時間制限なしに、謎や明確な課題を解決できたり、何かを作ったり、土地を整備したりするゲームなど、**常に注意を向けておく必要のないゲームは、脳に特別なストレスはかかりません。プレイヤーが素早く反応したり、常に警戒していたりしなくてはならない騒がしいゲームをすると、強いストレスがかかるようです。**これは暴力的なゲームの大半に当てはまり、またスポーツのゲームや、テトリスのようなゲームにも当てはまります。ですから、例えば、代わりに絵を描いたり、ボードゲームをしたり、本を読んだり、映画を見たりするとよいでしょう。他に注意が必要なものにソーシャル・ゲームがあります。例えば**プレイ中に、他のプレイヤーの暗号を解いたり、ヘッドセットをして話をしたり、自分で動画を撮らなくてはならないソーシャル・ゲームは、特に激しいストレスに満ちたものになるでしょう。**激しいゲームをすると、アドレナリンが分泌され、体が逃げたり、戦ったりする準備をします。体を活発に動かす遊びをした際にも、アドレナリンを分泌させます。アドレナリンは体を動かす遊びを通して燃焼されるため、速く走ったりできるようにしてくれます。子どもが静かに座って、激しいゲームをする時、アドレナリンは燃焼されず、体にただ溜まっていきます。私は一部の親が、こう言うのを耳にしたことがあります。「アクション・ゲームをさせるのは、自分で走り回ったり、カウボーイやインディアンごっこをさせるのと大して変わらない」ですが、全く違います。なぜなら、ゲームでは、子どもたちは走り回れないからです。やや乱暴な言い方をするなら、**問題なのは暴力的なことでなく、体を動かさないことなのです。**

アドレナリンにより、体が逃げたり戦ったりする準備をする

アドレナリンは脳が脅威や困難な状況を認識した時、血液中に分泌され、噴き出す戦闘ホルモンです。これにより脈や血圧が上がり、呼吸が荒くなり、活発に動けるよう、肝臓から筋肉に糖や脂肪が分泌されます。アドレナリンはさらに怒りや苛立ちといった感情を高めます。分泌されたアドレナリンや糖や脂肪が燃焼されないと、血中に蓄積され、リラックスできなくなります。長期的には、動脈硬化や糖尿病のリスクも高まります。**エネルギーを多く燃焼させるため、体を動かすことが大事です。**〝恐怖〟という言葉を聞いただけでも、体からアドレナリンが分泌されることが分かりました。**戦ったり、逃げたりしなくてはならないゲームをすると、体が実際の戦いや逃亡に、知らず知らずのうちに備えてしまう**ようです。

子どもが長期間、激しいゲームをし続けると、耳や頬が赤くなることが多いようです。さらに体がそわそわしてくることもあります。中には、お腹の中にアリやネズミがいるような感覚があると言う子もいます。これらの兆候が見られたら、ゲームのやりすぎや、ゲームによる過度なストレスを疑ってください。子どもは自分がゲームをやりすぎていることや、休憩をとったりエネルギーを発散させたりする必要があることに、必ずしも気付けません。これは例えば、笑った時や、激しく体を動かした時に、体の危険信号をストップさせるような問題を解決した時、ドーパミンが分泌されるからだったりします。

激しいゲームをすると、体はストレス状態に陥り、怒りや苛立ちといった制御不能な感情だけでなく、喜びや多幸感をも呼び起こされます。フラストレーションを覚えることで、さらに攻撃的な行動が引き起こされることもあるため、子どもがゲームをしていてフラストレーションを覚えた際、叫び出したり、物を叩いたり、蹴ったりするのはごく普通のことです。オックスフォード大学の研究で、状況次第では、テトリスが暴力的なゲームと同じぐらい人々を攻撃的にさせることが分かりました。子どもは脳の前頭前野が未発達なので、本来、感情をコントロールしにくいものです。さらに感情をコントロールするホルモンが体に分泌されると、ますます制御しづらくなるでしょ

う。そのため、子どもが激しいゲームをしていて、制御不能な感情を暴発させるのは、不思議ではありません。**子どもが何かしらの理由で興奮し、画面に向かって叫んだり、コントローラーを怒って投げつけたりするなら、何よりまず、子どもが突発的に携帯電話やコンピュータ、キーボードやディスプレイを壊さないよう、それらの物を守りましょう。そして、こう言うのです。「あなたが長時間ゲームをしすぎているのは、私の責任なんだよ」説明せずに、同じ言葉を繰り返すのです。そしてゲーム機の電源を切り、子どもを別の場所に移動させましょう。**

質問と説明について

諍いが起きやすい状況では、質問や説明を決してたくさんするべきではありません。親として心の余裕のあるところや、意思が固く、決断力のあるところを示しましょう。例えば、「あなたがゲームをあまりしないようにするには、どうしたらいい?」などと言ってしまうと、あなたは子どもにあなたのために正しい選択をするよう求めたことになります。それは何より、子どものストレスになりますし、あなたが物事をコントロールする力がないと思われ、子どもから尊敬されなくなるでしょう。**あなたは長々と説明することで、**子どもの理性に訴えようとするのでしょうが(「分かるわよね」などと言ったりして)、これもまた**自信がないという信号を送ることになり、ある意味、責任を放棄したとお子さんに捉えられるでしょう。**

ストレスに見舞われた時、ほぼ決まって体に最初に兆候が現れます。お腹の具合が悪くなったり、呼吸不全や筋肉の痛み、頭痛、免疫不全（風邪をひきやすくなるなど）になったりするのは、ストレスを抱えている証拠です。ストレスが長期間続くと、睡眠に深刻な問題が生じたり、気持ちがなぜか不安定になったり、記憶に問題が生じたり、ちょっとしたタスクをするのにも頭が回らなくなったり、食欲不振や吐き気（心配事があるかのように）を覚えたりするでしょう。ストレスに見舞われるのは、キャパシティー・オーバーが原因であることが多く、負担を減らす必要があります。**お子さんがストレスを覚えているのなら、あなたは責任を引き受けたり、舵をとってあげたりすることで、重荷を減らしてあげることができます。**ストレス要素を減らし、お子さんが全体の状況を把握する手助けをしてあげましょう。お子さんには一定期間、誰からも管理されない期間が必要である可能性も高いです。お子さんが重荷を下ろすことができれば、脳のストレス状態はしばらくすると消え、かかっていた霞が消えたようになるケースが多いです。

ストレスに見舞われたのに、必要なガス抜きができないと、深刻な事態を招きかねません。長期間放置されていたストレスは、恐怖や欝、対人恐怖といった様々な問題を引き起こしえます。大きな重荷を背負っていないのに、ストレスを感じてしまうとすれば、欝になりかけている証です。**お子さんに深刻なストレスや欝の兆候が見られたら、専門家の助けを求めるようお勧めします。深刻なストレスと抑鬱兆候のはじまりを見極めるのは難しいのですが、２つの対処法は異なるため、正しい助言を得ることが大切です。**

コルチゾール——最も危険なストレス・ホルモン

コルチゾールは体が定義できない脅威にさらされた際に反応し、分泌されるもので、怒りや恐怖、睡眠不足から大量に作られます。体内にコルチゾールが大量に分泌されると、疲弊し、リラックスできなくなります。深刻なストレス状態が長期間続くと、アドレナリンの生成量が減り、代わりにコルチゾールが作られます。闘争と逃亡のエネルギーを得るため、人は疲れるのです。**体内にコルチゾールが過度に分泌されると、脳細胞が傷つき、学習力や記憶力、集中力が阻害され、感情面にも変化が現れます。さらに夜間の睡眠障がいも引き起こされ、皮膚が薄くなり、傷の回復が遅くなり、髪が抜け、骨粗鬆症や肥満、ニキビ、老化、免疫低下などが起こりえます。**これらは真剣に考えるべき問題です。

ゲーム中毒

近年、物理的な世界からほぼ雲隠れしてしまっている子どもが増えてきているように感じています。昼も夜も、カーテンを閉めきり、画面の前に座り、疲れを感じると、意識を失ったかのように眠る——そんな生活を送る子どもたちです。食事は自室でとり、現実世界では友だちにほとんど会わない。そういう子たちは、ミッションのクリアや、サーバー上の相手との交流で頭が一杯で、学校にいる間、集中できない場合が多いです。中には、学校に行くのを完全にやめてしまう子までいます。

知って
いますか？

様々な調査により、**ゲーム中毒と、鬱、対人恐怖症、学力との間に、相関関係がある**ことが分かってきています。

ゲーム中毒の子を持つ親の多くは完全な無力感をしばしば感じるとともに、罪悪感をも覚えます。自らを責め、「どうしてこんな風になってしまったの？」と考えます。こういった感情や思考を抱くのは、ごく普通のことですが、それで問題が解決されることは滅多にありません。代わりに、次のように自問してみてはどうでしょう？「この状況をどうコントロールしたら、責任がとれるだろう？」**親としてあなたは、子どもが依存症に陥るのを食い止める責任がありますし、すでに依存症になってしまっているなら、依存症から抜け出す手助けをする責任もあります**。あなたがあきらめず、レースはすでにはじまっている、と考えることが大事です。もしもあなたの子どもが薬物を摂取しはじめてしまったとしたら、恐らくあなたがこう言うことはないでしょう。「この子はもう18歳。親がどうこう言える年齢じゃない」中毒になったということは、その子に物理的な友だちがおらず、日常を滞りなく送れてはおらず、学校での成績が悪くなっていて、概して不幸だということを意味するのに。あなたは責任を背負い込んだり、罪悪感を過度に覚えたりする必要はありませんが、お子さんのことをあきらめるべきではありません。ここまで、状況が悪化してしまったのは、あなたの責任で、それに対処するのもまた、あなたの責任です。

子どもが最終的にコンピュータばかりして部屋に閉じこもるようになってしまうのは、非常に複雑な問題です。境界線《ボーダーライン》を定められなかったのは、子どもだけの問題ではありません。ゲームがギャンブル中毒やコカイン中毒を思い起こさせる物理的依存を引き起こしうるということが、しばしば示されています。さらに例えば恐怖や孤独、いじめ、欝や病気の見過ごしが、子どもたちの行動の陰に隠れている可能性もあります。ゲームはある意味、現実世界からの逃避であって、お子さんにとって友だちがいる場所、居心地よく感じる唯一の場所が、ゲームの世界なのかもしれません。子どもがゲーム依存に陥る背景には、様々な原因が隠れているはずです。そのため、あなたが健やかな理性と知識を用い、子どもと関係性を築くことが大事です。

身体的依存

ゲームによりどの程度、身体的依存が引き起こされるのかについて、研究者の見解は一致していません。ゲームのしすぎは、単なる身体的依存だけでなく、現実世界からの逃避であることを示す調査結果もあります。ゲーム中毒者の脳の活動は、アルコールやその他の中毒者と同じように変化すること、またゲーム中毒者が、薬物中毒者やギャンブル中毒者と同じ問題に陥ることを示す研究もあります。ゲームに費やす時間が長いというだけでは、病的に依存しているとは言えないという点にも注意が必要です。ゲーム病的な依存とは、家族や学校／職場など、生活の様々な場所で、社会的、精神的、感情的に平常通りの生活を送れなくなってきていることを言います。ゲームのしすぎにより、毎日の生活リズムにネガティブな影響が及ぼされ、衛生状態の悪化や、不規則な食事、寝不足／睡眠リズムの乱れなどの原因となり、

通常の生活を保つのが難しくなることが分かっています。

> **知って いますか？**
>
> **ゲーム中毒**についての調査の対象とされるのは、**1日にオンライン・ゲームを4時間以上、もしくは週に30時間以上**しているユーザーであることが多いです。

ゲーム中毒は身体的依存の話なのか、それとも中毒の陰に、他の問題が潜んでいるのか、今のところはっきりとは分かっていません。私たちはそれでもゲームをすることで、脳に幸福の感情を与え、体の危険信号を鎮め、行動を習慣化させるドーパミンの分泌が促されると知っています。大半の暴力的なゲームやスポーツ・ゲーム、タイムリミットに追われるゲームといった、時間の制約の中で問題を解決する、または他のプレイヤーと競うゲームに、これは特に当てはまります。

> **知って いますか？**
>
> 習慣化しやすい活動や刺激――アルコールや薬物、砂糖、セックス、ギャンブル、激しいトレーニングなど――は、脳から分泌されるドーパミンと関係しています。ドーパミンにより、依存症を引き起こす幸福の薬物が作り出されます。どんな感情が促されるかに拘らず、**ドーパミンにより私たちが特定の行動を続けるよう促されることが、依存の原因になっている場合もあります。**

ゲームに勝つ度、またはゲームに勝ちそうになったり、負けそうになったりする度、ドーパミンが分泌されます。ドーパミンは勝敗に関係なく、プレイヤーが挑戦し続けるよう促します。レベルが上がっていくか、ミッションをクリアすることで、プレイし続け、次のミッションへ進んでしまうことでしょう。これはギャンブル依存の人が賭けに勝って賞金を得、そのお金を全てすってしまうのに似ています。**携帯ゲームやタブレット・ゲームの多くは、脳がドーパミンを分泌するようにデザインされていて、より多くの時間、より多くのお金を使わせるよう、ありとあらゆる方法でユーザーを誘導します。**これは広告を見た後や、スーパーにいる時、ついいらないものを買ってしまうのに少し似ています。これらのゲームは特別面白くはなく、ゲームをやめると、ほっとするかもしれません。特に無料のゲームには注意しましょう。無料と言いながらも、何かしらの方法でお金を稼ごうとしている場合がほとんどなのですから。

知って
いますか？

アメリカの調査グループが、２０１３年に、ゲーム障がいの9つの暫定的診断基準を発表しました。

❶ ゲームにひどく没頭する、またはほぼとりつかれている。
❷ ゲームばかりして、家に引きこもっている。
❸ ゲームへの耐性が増す。そのためゲームにより多くの時間を費やすようになる。
❹ ゲームをやめようとしたことはあるが、やめられなかった。

❺ 他の趣味、活動に興味がなくなる。
❻ ゲームがあなたの生活にどれぐらい影響を及ぼすか分かっていながらも、ゲームをし続けてしまう。
❼ ゲームのプレイ時間を誤魔化して伝えたことがある。
❽ 恐怖を和らげるために、ゲームをしている。
❾ ゲームが原因でチャンスや人間関係を失ってしまった、または失いそうになったことがある。

（出典：米国精神医学会）

社会的依存

調査では、ゲーム依存とインターネット依存が区別されない場合や、オンライン・ゲームが対象とされる場合が多いです。私はそれが偶然だとは思いません。**オンライン・ゲームはオフライン・ゲームより習慣化しやすいという印象を私は持っています**。私が出会ってきたゲーム依存の子どもやティーンエージャーは、ほぼ四六時中、ワールド オブ ウォークラフトやカウンターストライク、リーグ・オブ・レジェンド（ＬｏＬ）やフォートナイトなどのオンライン・ゲームをしていました。

彼らはオンライン・ゲーム上で、他の人とプレイしたり、１つか複数のグループに属したりしていました。１つのグループのメンバーが、スポーツ・チームのようにそれぞれ役割を担っているため、休憩したり食事をしたりおしゃべりをしたりするため、ほんの30分ゲームから離れることもままなりません。

中には、他のプレイヤーから頼られる特別なステイタスを持つ人もいます。**約束したプレイ開始時間を守らないと、他のプレイヤーが待ちぼうけを食らうことになり、最悪の場合、怒りを買い、グループを出入り禁止になることもあるようです。オンライン・ゲームをする子どもの多くは、他のプレイヤーからプレッシャーを感じていて、急に親からゲームをしてはならないと言われると、強いストレスを感じたり、半ばパニック状態になったりします。**ゲームの世界以外に友だちがいない子どもにとっては、それは特に辛いことで、唯一属するグループから排除される危機にさらされることを意味するのです。

あなたの子どもがゲームから離れられないなら、その原因を探るべきです。他のプレイヤーをがっかりさせてはならないというグループからの圧力が原因となっているのでしょうか？　子どもにゲームの世界以外に友だちがいないせいでしょうか？　子どもが何か見逃すのを恐れているということもありえます。**オンライン・ゲームをする子どもの多くは、何か大切なことを見逃してしまうのではないかという恐怖に、常にとりつかれています。**それは、ゲームの中で生きすぎるあまり、ゲームをしていない間も、ゲームが続いているような感覚に陥っているからかもしれません。またはゲームの中で何が起きるのか気にかかり、リラックスして、今に集中できないからかもしれません――自分が本やドラマに夢中になってゲームの中にいない間、または夜中、寝ている間に、学校に行っていなかったり、時差のある国に住んでいたりする他のプレイヤーが、ゲームを進めてしまうからかもしれません。

ワールド オブ ウォークラフトは、世界で最もプレイされている大規模多人数同時参加型オンラインＲＰＧ（ＭＭＯＲＰＧ：Ｍａｓｓｉｖｅｌｙ Ｍｕｌｔｉｐｌａｙｅｒ Ｏｎｌｉｎｅ Ｒｏｌｅ-

Playing Game）です。これは無制限にたくさんのプレイヤーと長時間、1つのキャラクターをともに成長させるオンライン・ロールプレイング・ゲームです。普段と違う行動をとることができ、オンライン・グループ上のある人の役割は、例えば学校での役割と完全に違っていることもあるのです。**いじめられている子どもや、社会性に問題のある子どもにとって、こういったゲームは、ある意味、現実世界と関係のない人間関係を築ける場所なのです。まさにこの手のゲームは、極度に習慣化しやすく、多くの問題をもたらしうる**ことが研究によって分かっています。ゲーム・センターに設置されているような業務用ゲーム機や、オフライン・ゲームに多くの時間を費やしているプレイヤーよりも、**MMORPGに多くの時間を費やしているプレイヤーは、健康状態も睡眠の質も悪く、現実世界で人と付き合うのが難しく、学校などの教育機関での成績も振るわない**ようです。あなたのお子さんが依存しているのが、このような種類のゲームなら、特別な問題をはらんでいる恐れがあります。またゲームの濫用の背景には、例えばいじめや社会性の欠如といった複数の問題がしばしば潜んでいます。

心配する理由はありますか？

お子さんのゲーム習慣について心配する理由があるか知るため、あなたはまず何より、お子さんが幸福かどうかを知る必要があります。お子さんは外の新鮮な空気を十分に吸っているでしょうか？　声を上げて笑ったり、微笑んだりしているでしょうか？　目は合いますか？　社交的だった子が、内向的な子に変わっていませんか？

もしもお子さんが変わったのなら、その子を不幸に陥らせる出来事が起こったのかもしれないと、注意して見なくてはなりません。お子さんがこれまでいた様々な場所を全て見てみましょう。保育所、学校、学童、スポーツ・クラブ、習い事、ソーシャル・メディア、ゲーム、子ども同士の集まり。それらを全て突き止めるのは難しいでしょうし、特に子どもが身を置くデジタル世界は、混沌としていて、全て把握するのは困難です。**あなたのお子さんがプライバシーを守られた生活を送れるようにしましょう。そのためにあなたはお子さんの部屋にこっそり忍び込み、Messengerのメッセージを読むといったやり方で、嗅ぎ回ったり、のぞき見したりするべきではありません。**お子さんが幸せか心配なら、お子さんにあなたを信頼させる努力をする必要があります。一番の目的はまた、お子さんとよい関係を築くことです。

子どもの異変に気付こう

お子さんがいくつかの活動を以前までとても楽しんでいたのに、**急に退屈だと言い出したり、参加したくないと言い出したりしたら、要注意です。**過度の刺激を受けるのに慣れてきたのかもしれません。例えば、お兄ちゃんやお姉ちゃんのサッカーの試合をいっしょに見に来たがらなくなったり、それまで大喜びで加わっていた家族　団欒に顔を出さなくなったりした場合も、注意が必要です。

もしもお子さんが深刻なゲーム依存なら、そこからすぐに抜け出すのは非常に難しいでしょうし、現実世界がゲームの世界に比べ、灰色で退屈に思えてしまうかもしれません。お子さんはひょっとしたら、ゲームをしていない時が一番、興奮も、喜びもしていないかもしれません。**お子さんが習慣化しやすいゲームをやめるか、依存性の低いオフライン・ゲームに乗り換える手助けをする、依存症脱却期間を設けるとよいでしょう。お子さんはまた誰かの隣に座り、その人がゲームをしているのを見るのを許すべきです。**それは自分がゲームすることほど、ストレスが溜まりやすくも、習慣化しやすくもありません。こんな風にしても、問題を解決できるわけではありませんが、お子さんに簡単に刺激を受けられる選択肢を提供することが必要かもしれません。これはヘロイン中毒者にメサドンを差し出すのに少し似ているかもしれません。同じような快感は得られませんが、依存を少し減らし、他の事柄をコントロールする余力を与えることができるでしょう。

ゲーム利用のルールを定めましょう

大半の親御さんが私にする質問は、「子どものゲーム利用について、正しいルールをどうやって設けられますか?」というものです。この質問には、他にも前提となる疑問がたくさん隠されています。例えば、「子どもは1日に何時間までゲームをしていいの?」「どんなゲームをしてよいの?」「何歳からゲームをさせていいの?」

P227 お子さんのゲーム利用が常軌を逸してしまっている場合に、あなたに何ができるかは、227ページをご参照ください。

あなたがお子さんのゲーム利用に、正しいルールを設けたいのなら、最初にすべきなのは、知識を集めることです。あなたは何より先に、お子さんのことを知るべきです。お子さんはどうストレスに対処すべきでしょう？　お子さんにとって友だち作りは簡単ですか、それとも難しいですか？　お子さんは運動を十分にしていますか？　その後で、あなたはお子さんがしているゲームについて知るべきです。そのゲームによってかかるストレスのレベルは高いですか？　そのゲームに社会的要素は含まれていますか？　そこから何か学ぶことはできますか？　あなたが設けたルールをお子さんに伝える際、これらの知識を使うべきと強調することが大事です。お子さんはそのルールの背景を理解する必要も、それが理に適っていると思う必要もありません。**大事なのは、あなたがあなたの決断に対し、自信と責任を持てるよう、基本的な理解をすることです**。

あなたはお子さんと話をし、お子さんがゲームをしている様子を観察することで、知識を集めることができます。そのゲームがどんな仕組みなのか、どうして子どもがそのゲームを面白いと思うのか聞き出しましょう。そのような知識を持たずして、お子さんがゲームにどう影響されるか知るのは不可能です。そのため、私が何よりしたい重要な助言は、次のようなものです。**「子どもがどんなゲームで、どのように、どうして遊んでいるのかを知りましょう」**

プレイ時間

子どものゲーム利用のルールを設けることについて論じる際、重要な位置を占めるのは、時間の問題です。「子どもはどれぐらいの時間、ゲームしてよい？」「決まった時間帯にゲームさせるべき？」私はゲームをする時間数や時間帯はそれほど重要と思っていません。**一番問題なのは、お子さんが部屋に何時間も1人で籠もり、ゲームをすることです。**親と5時間ゲームをする方が、1人で2時間ゲームするよりもよい場合もあります。**注意すべきなのは、ストレス・レベルの高いゲームをすることです。**お子さんの体にアドレナリンが分泌され、そこから抜け出せなくなる可能性があるためです。長期的に見ると、それは非常に有害で、様々な生活習慣病や精神的問題の原因になりえます。このような場合、もちろんお子さんは、5時間続けてゲームすべきではありません。

プレイ時間についてのルールを定める際、お子さんの年齢（年齢が上の子は、基本的には低年齢の子よりも多くゲームをしてもよい）と、ゲームをすることでかかるストレスと、普段、いつお子さんの頬や耳が赤くなるか、またはいつ苛立たしそうにしたり、攻撃的になったりするかなどに注目すべきです。ルールは1人1人に応じて、変えるべきです。次に平日、週末、休暇中の推奨プレイ時間を示します。

平日

小中学生の子どもに平日、ゲームをさせるのは、1日2時間までにするようお勧めします。1時間し

たら、途中で休憩を挟んでもよいでしょう。私の経験では、子どもは3～4時間ゲームをすると、頬や耳が赤くなり、体がそわそわしはじめ、イライラしたり、攻撃的になったりします。プレイ時間を2時間までに制限することで、大半の大きな諍いは避けられます。お子さんが何時間ゲームしてよいか、明確なルールを定め、守らせることが大事です。ゲームをしてよい時間帯をいつにするか親子で決めるのもよいでしょう。お子さんがどの時間帯にゲームをするか、日によって変えたがった場合は、約束した時間数を超えない限り構いません。**いつゲームをするか、お子さん自身に決定権をかなり委ねることを勧めます**。ですが、何時にゲームをはじめたかは、きちんと把握しておくようにしましょう。1回のプレイ時間を1時間にしようという約束なら、**お子さんがゲームの電源を入れた時、キッチンタイマーをセットするべきです**。何時間残っているか常に把握できるよう、お子さんの隣にタイマーを置いておくことが大事です。あなたもアラームをセットし、どれぐらい時間が経ったか見ていると伝えましょう。

10歳ぐらいになると、子どもは学童に行かなくなり、学校が終わるとすぐ家に帰ってくる子が増えます。そういう子たちは、親より早く帰宅する場合が多いので、**1人でいる間に、どれぐらいゲームをしているか把握できない**と親御さんが言うのを聞いたことがあります。このような場合、親は子どもを信じるしかありません。本当のことを言っているか信頼できないのなら、**親が早く帰宅するようにするか、お子さんを学童に入れるしかありません**。

仕事で親がいない間、子どもがどう過ごしていたか知る方法

ゲーム・ポータルサイトの「Ｓｔｅａｍ」でプロフィール・ページを開設し、そこでゲームを買えば、それぞれのゲームの累積プレイ時間数や、最終プレイ時刻を知ることができます。**子どもをこっそり監視するのはお勧めしていません。代わりにお子さんに、どのゲームを何時間プレイしたのか、親にも見えているのをあらかじめ伝えておくようお勧めします。**お子さんが時間を守っているかを、親が日常的にチェックする必要はありませんが、時々は気にかけるようにしましょう。こうすることで、仕事から帰るまでの数時間、お子さんが家に1人でいる時の様子を知ることができます。

ルールを導入したら、**いくら議論しても変えられないことと、子どもの意思で変えられることとを区別するとよいでしょう**。例えば、「平日2時間以上ゲームしてはいけないというルールは変えられないけれど、その2時間をいつにするかは議論できるよ。寝る1時間前以外なら」と言いましょう。寝る前に子どもの脳や体を目覚めさせるのは、あまりよくないため、**寝る1時間前はゲームをしないようお勧めします**。何より大事なのは、アドレナリンの生成を促し、体をスタンバイさせるようなゲームをお子さんにさせないことです。コンピュータ画面やタブレットやスマートフォンから、起きるよう脳に知らせるブルーライトが発されます。なので、**日没後にブルーライトを赤や黄色に変えるフィルターをインストールするとよいでしょう**。寝る直前は、できるだけエネルギーを燃やし尽くすか、クールダウンさせることが大事です。

知って
いますか？

メラトニンは、暗い時に脳や瞳で作られます。**メラトニンは夜、私たちを眠たくさせるホルモンです。**メラトニンの生成は、1日のリズムを整える大きな助けとなります。朝の日の光には、起きる時間だと脳に信号を送り、メラトニンの生成をストップさせる青いプリズム光線が含まれます。夜の光は赤みを帯びており、この赤い光は、もうすぐ寝る時間だという信号を送り、脳にメラトニンを生成させます。デジタル画面から分泌される人工的な光は、朝の光に似ており、メラトニンの生成を阻害し、眠気を感じさせなくします。デンマークの学校などでは、1晩中学校が開放され、生徒たちがパソコンやゲームを自由にしてよいという催しがあるのですが、その催しで子どもたちが遅くまで起きていられるのは、これが1つの原因となっています。

週末

子どもは平日より週末、たくさんゲームをするのを許されるべきというのが、私の考えです。私はここで週末という言葉を、金曜の夜や、土曜の1日中、という意味で使っています。日曜は、翌日からはじまる新たな週に備える日なので、平日扱いにします。お子さんが金曜と土曜にたくさんゲームをするのを許しはしても、昼夜逆転生活を送るのを許してはなりません。くつろいだり、エネルギー・チャージに週末を使ったりすることが大事なので、子どもが深夜まで起きているのは、よいことではありません。私がお勧めするのは、金曜日の放課後や、土曜の日中22時より前に（中学生は深夜まで許してよいでしょう）、ゲームするのを許可することです。

プレイ時間を何時間までと決めずとも、**就寝時間は守るべき**です。休憩なしに1日中、画面の前に座っているのは、子どもにとってもよいことではありません。例えば、1時間半に1回はゲームをお休みするといったルールを作るとよいでしょう。子どもがスクリーンの前に座っている時、あなたはこう言うでしょう。「1時間半したら、来るからね。そうしたら散歩に行きましょう／買い物に行きましょう／料理をしましょう／他のことをしましょう。その後なら、またゲームしてもいいよ」休憩時には、体を使った活動をさせるとよいでしょう。これはある意味、激しい怒りの暴発や、体やお腹の不調を防ぐことに繋がります。中には実際、一定時間プレイしたら、休憩をとるよう促す機能を設けるゲーム会社もあります。

健康的なプレイ・スタイル

長期休み中に、子どもたちに何時間も電子機器を際限なく使わせる親は、甘いお菓子やスナック菓子やコーラなども際限なく与えてしまう傾向にあるようです。前にも書いたように、ストレス・レベルの高いゲームを長期間利用すると、アドレナリンが代謝されず、生活習慣病を発症しかねないので、お勧めできません。間食をとるなら、にんじんやきゅうりスティックやいんげん豆や果物やベリーといった健康的なものにしましょう。

あなたがお子さんにゲーム以外のことをさせたいのであれば、**ゲーム以外のことをしている時、褒めるとよいでしょう。**例えば、あなたはこう言うことができるでしょう。「絵を描いていて／ボール遊びをしていて／読書していて、偉い／素敵／格好いいね」あなたはまた、こんな風に言ってご褒美をあげてもよいでしょう。「今週は普段より、ゲームのプレイ時間数を減らせたね。ご褒美に週末、遊園地に連れて行ってあげよう」子どもというのは本能的に、親から認められたいものです。ただやみくもに認めるのでなく、美しい絵を描いたとか、お手伝いをしたとか、決まりやルールを守ったとか、理由が必要です。**あなたはお子さんの行動を褒めることで、子どものしていることに関心を持ち、見守っていると示すことができるのです。**

長期休み

長期休みは、普段とは別のルールが適用される、ある種例外的な期間で、週末と同じように過ごすべきではありません。**家族で必ずいっしょに食事すること、昼夜を逆転させないこと、1日に1回は軽い運動をすること**（例えば海岸を散歩したり、食事を作ったり、草を刈ったり）**が大事です。**

休みが例えば1週間なら、7日のうち5日は、普段より1時間多くゲームすることを許し、残りの2日は、何時間でも制限なくゲームさせてあげることをお勧めします。1時間半ごとに休憩をとらせ、ゲームなど画面を使ってすること以外のことをさせましょう。目覚まし時計が1時間後に鳴るようセットし、鳴ったら、子どものところに行き、こう言うとよいでしょう。「今から30分後に目覚まし時計が鳴るようセットするからね。鳴ったら、休憩をとって」こうして、子どもは新たなミッション、ステージに進む時間があるか自分で考え、準備することができるのです。子どもが休憩中にすることを見付けられなければ、例えば、あなたが出掛けたり、買い物をしたり、洗濯物を洗濯機から出したりするのを手伝うよう言いましょう。お子さんは手伝いたがるかもしれませんし、「嫌だ、トランポリンする方がいい」などと言うかもしれませんが、後者の場合は、むしろやりたいことが見つかったのですから、喜ばしいことです。

夏休みは他の休みと比べ、長いので特別です。夏休み特有の課題がありますし、特別なルールも適応しえます。**夏休みの間ずっと、土曜と同じように過ごす週が2週間あってもよいでしょう**。ですが、それも2週間が限度で、大抵は、そこで問題が1つは出てきます。両親がそれぞれ3週間ずつで合計6週間休暇をとる場合、そのうちの4週間は1日の大半を監視されない週を与えるべきです。**私がお勧めするのは、親がそれぞれ2週間ずつ休暇をとり、さらに1週間、両親そろって休暇をとることです**。そうすることで、子どもは全部で5週間、親と休みを過ごせます。もしもそれが叶わないのであれば、仕事をしなくてはならない週のうち2週間は、例えば、おじいちゃん、おばあちゃんの家に遊びに行かせるとか、宿泊学習やクラブに参加させるとか、または全く別のことをするよう準備してあげるとよいでしょう。**残りの2週間は、子どもが望むのであれば、パジャマのまま、何時間でもゲームをさせてあげましょう。その2週間をいつにするか、子どもといっしょに決めてもよいでしょう。ですが、それも夏休みの**

最終週は避けましょう。最後の週は、普段のリズムに戻し、日常を再びはじめる準備をしなくてはならないからです。

驚くほど多くの家族が、長期休暇中、旅行に出掛ける時、子どもが家に残るのを許しているようです。それは子どもにとっても、家族全体にとってもよいことではありません。私のスタンスは明確です。**お子さんを長期休暇中にいっしょに連れて行けないのなら、親も家に留まるべきです。お子さんがいっしょに旅行に行きたくないと言うなら、まずは何より、その原因を探るべきです。**それはお子さんがインターネットやゲームから離れたくないからではありませんか？　それとも、家族でいっしょにいるのは疲れる、と思っているからですか？　または家でゆっくりしたいと思っているからでしょうか？　中には、家族旅行を計画する際に、子どもの意見を聞くのを忘れてしまう親もいるようです。そういう親は「さあ、すごいことをしてやろう。色々な提案を子どもたちにしてやろう」と思うのです。ですが、私がこれまで話をしてきた子どもの多くは、できることなら、家にいる時みたいにくつろげる場所に行きたいと言っていました。例えば、おじいちゃん、おばあちゃんの家や、何度も行ったことのあるサマーハウスなどに。**子どもがどんな風に長期休みを過ごしたいと思っているか、親が知ろうとすることが大事です。**子どもの中には、タイトなスケジュールで活発に活動することを好む子がいる一方、特段、何もせず、ゆっくりしたい子もいます。

お子さんを休暇の計画に引き込む前に、何をいっしょに決められるのか、何を決められないのかを明確にすることが大事です。基本的には、どこにどれぐらいの期間行くか、決めるのは親で、子どもには

出掛ける時、どんな風に時間を使うのかについての計画に加わらせるとよいでしょう。子どもが全て決めるべきではありませんが、いくつか希望を出させ、その案は考慮に入れてやるべきです。何かを約束したとか、決断に対し自分が責任を負うと子どもに感じさせないことが大事です。ごく幼い子どもの場合、計画に参加するのは難しいため、「今からサマーハウスに行くよ」などと言って、これから何をするのか知らせればよいです。4歳ぐらいになると、「バイキング博物館に行きたい」とか、「庭で遊びたい」といった意見を言うようになるでしょう。親が子どもに、実現可能な（あまり多すぎない）選択肢を提示することも大事です。親が子どもの願いやニーズを気に留めない時に、休暇について最も大きな諍いが生じえます。すると子どもが退屈し、計画したくなったり、きょうだい同士で喧嘩になったり、親は親でちっとも心地よくないことに、大金をはたいてしまったことを後悔したりするといった結果になるでしょう。また、普段のルールを変えることで、諍いが生じえます。一時的な変化に適応し、計画をこなすのが上手な人もいれば、苦手な人もいます。ですが**子どもの場合は大抵**、それらが得意でなく、**いつも同じことをしたがります**。イースターやクリスマスのような行事や、学校に代理の先生が来るとか、古い靴を新しい靴に替えるといった変化が生じることで、子どもは不安になって、ネガティブな反応を示したり、常軌を逸した危険な空気をかもし出したりすることもあります。**長期休みになると、日常のリズムが乱れるため、長期休みのはじまりには、諍いが生じることが多いです**。このような諍いは、完全に避けるのが難しく、時間も余力もない中、ひょんなことから起こりうるのです。**お子さんが予定を管理し、日々のルーティンと長期休みの予定を立てるのを、あなたが手助けしてやれば、諍**

いのうちのいくつかを最小限に留めたり、場合によっては完全に避けられたりするかもしれません。

物理的なルール

あなたのお子さんが早い段階からゲームに興味を持ちはじめたら、あなたはその関心が中毒に変わらないよう、特に注意すべきです。この時、物理的ルールは、多くの親が思う以上に、大きな意味を持ちます。まずはゲーム機自体に注意を向けるべきです。例えば玄関やリビング、キッチン、階段の踊り場など、家族皆の共有スペースにゲーム機を置くようにしましょう。もしもあなたが、ゲームの音がうるさすぎると思うなら、子どもにイヤフォンをするよう言いましょう。そうすることで、あなたはお子さんの動作音だけに耳を澄ませることができます。ゲーム機を皆が集まる部屋に置くことで、あなたはお子さんのそばにいたいという信号を送ることができます。同じ空間にいることで、あなたはお子さんに何が起こっているか知ることができると同時に、お子さんも必要な時にあなたに呼びかけることができます。

できることならゲーム機を高さの調節が可能な昇降デスクに設置するとよいでしょう。幼い子どもや10代の若者の中には、物理療法士の世話になる子の数が著しく増えているようですが、その大半は、電子機器の利用による頭や首、背中の痛みを訴えているようです。痛みを和らげる上で鍵となるのは、運動をすること、利用時間を制限すること、それに電子機器の画面を目の高さに置くことです。昇降デスクはまた、子どもの体に溜まってしまったエネルギーを燃やす助けになりえます。常に座っているよりも、立ったり、座ったりを繰り返すことで、より多くのエネルギーを消費することができます。

ハードディスクの容量が大きく、独立したグラフィック・ボード（GPU）と大容量メモリを備えた、動きの速いコンピュータである〝ゲーミングPC〟をお子さんに使わせるのは、できるだけ先延ばしに――できることなら高校生になってからにしましょう。最も有害で習慣化しやすいゲームは、そのような非常に性能の高いコンピュータでしかできない場合が多いです。子どもが特定のゲームから悪影響を受けうるのは、ゲーム機を通してだという考えに至らない親が多いようです。

あなたがすでに子ども部屋にゲーム機を置くのを許してしまっているなら、移動させるようお勧めします。子どもは必死に抵抗するでしょうが、それはとても重要な闘いです。**ゲーム機を子ども部屋に置くことは、ゲーム機やその他の電子機器の濫用のリスク要因になりうる**というのが、カウンセラー経験から私が得た認識です。**ゲーム機を子ども部屋に置くことで、親が子どものゲーム利用をコントロールするのが難しくなります。**なぜなら例えば窓やブラインドを閉めるか、窓を時々開ける

かなど、自分の部屋については、子どもが自由に決められるからです。ゲーム機が家族共有の部屋に置いてあれば、これらについてあなたが決めやすくなります。中には、子どもには1人の時間が必要という親もいます。それは確かにそうでしょうが、子どもが必要としているのが、1人の時間なのか、それとも1人でゲームする時間なのかを探りましょう。あなたはなぜ急にゲーム機を移動させたのか説明する必要はありません。お子さんは、あなたのことをひどく苛立たしく思うか、何も分かっていないと思うかもしれないし、怒鳴ったり、奇声を上げたりするかもしれません。それでもあなたは怒鳴らず、広い度量で、お子さんを見守り続けてください。

　もしも子ども部屋からゲーム機を移動させられない場合は、少なくとも**子ども部屋の扉は開けっぱなしにしておく**ようお勧めします。こうすることで、お子さんが扉の向こうで1人でゲームを何時間もするのを防げます。子ども部屋は、親を閉め出せる神聖な部屋ではありません。もちろんあなたがいつでもずかずかと部屋に入ってくることなく、お子さんが恋人や友人を部屋に招けるようにするべきですが、子どもが家族生活を感じられるように、扉は開けておくべきです。**お子さんが扉を閉め、1人でいるのを必要としているのであれば、ゲーム以外のことをするのを基本ルールとするべきです。お子さんがゲームをしている間、あなたはお茶を持っていくなどして部屋に入り、窓を開け、新鮮な空気が入るようにして、部屋に活気を与える努力をするべきです。また、本を持っていって、お子さんのベッドの上で寝転がるのもよいでしょう**。これはわざとらしくならずに、そばにいるよい方法です。あなたはこう信号を送るのです。「リビングに来いとは言わない。私と話をしなさいとは言わない。ゲーム機の電源を切

P233
お子さんがゲームを長時間しすぎている場合、ゲーム機を子ども部屋からどうやって移動させたらいいかは、233ページをご参照ください

れとは言わない。ただそばにいたいだけ」子どもはそうされるのが本当は好きですし、あなたが苛立たしい態度や押しつけがましい行動をとらない限り、拒みはしないでしょう。

年齢制限

「でも、他の子は皆……」子どもにこのフレーズを言われた実にたくさんの親が、NOと言い続けるのは理不尽なのではないかと不安になっているようです。親は子どもに特定のゲームをする許可を与えないことで、子どもを傷つけてしまうのではないかと思うようです。ここで1つ、明言しておきたいことがあります。それは、「子どもにとって、もっと大きくなるまでゲームをするのを待つよう言われるより、感情面でまだプレイする心づもりができていないゲームをすることを許される方がずっと有害」ということです。

ゲームについて私がよく耳にする質問は、「何歳からゲームをさせてよいですか?」「ゲームの推奨年齢に従うべきですか?」というものです。フォートナイト、カウンターストライク、コール オブ デューティ（Call of Duty）、グランド・セフト・オートといったシューティング・ゲームについて質問されることも多いです。親は、それらのゲームに、ひどく暴力的で生々しい表現が含まれていないか、不安を抱く場合が多いようです。

知って
いますか？

ゲーム機やゲームソフトを買うと、端の方に推奨年齢の書かれたシールが貼ってあるでしょう。デンマークではゲームの製造元が、リリース前にアンケート項目に回答し、ゲームの年齢制限シールを管理、発行しているメディア協会に送ることで、この年齢が定められます。ゲームの年齢制限には、3歳以上、7歳以上、12歳以上、16歳以上、18歳以上があり、暴力的で不気味なコンテンツを含むか、薬物やアルコールが出てくるか、裸や汚い言葉がどの程度使われているか、オンライン・ゲームか、ギャンブルが関わってくるのかに応じ、振り分けられます。

日本にもゲームソフトの表現内容に基づいて、対象年齢等を定めるレーティング制度やそれを示すレーティングマークがあるようです。

それぞれのゲームの年齢制限は、ガイドラインにすぎず、盲目的に従うべきものではありません。一部の暴力的、または不快なゲームは、対象年齢が不適切に低く設定されています。２０１０年にリリースされたＮａｕｇｈｔｙ Ｂｅａｒ（ノーティー・ベア）というゲームなどは、推奨年齢が12歳以上に設定されていました。このゲームはテディ・ベアが住民の架空の島、パーフェクション島（Ｐｅｒｆｅｃｔｉｏｎ Ｉｓｌａｎｄ）で展開されます。プレイヤーは誕生日パーティーにただ１人招待されなかったために、島の全てのテディ・ベアを皆殺しにする決意をしたテディ・ベアのＮａｕｇｈｔｙ（ノーティー）を操作します。例えばテディ・ベアを生きたまま焼いたり、斧や銛で八つ裂きにしたり、殴り殺したり。途中、獲物は次第に恐怖し、パニックになり、泣き、隠れようとします。ゲームに出てくるのは、人間ではなくテディ・ベアで、血が流れないためか、対象年齢は低めに設定されています。ですが、明らかにそれでは低すぎです。こういう例もあるので、親であるあなたが、お子さんが関心を持つゲームに参加することが非常に大事です。**お子さんがはじめてゲームをする時、そのゲームの宣伝動画をチェックしてみたり、レビューを読んだり、子どもがゲームをする様子を隣で観察したりしてください。**年齢制限を決める人たちは、あなたのお子さんを知りません。なので、たとえお子さんの年齢が推奨年齢より上であっても、そのゲームがどんな内容なのかを知り、お子さんがそれに耐えうるか親であるあなたが判断しましょう。

3つのアドバイス

❶ **お子さんがゲームを何でもダウンロードすることがないよう、設定を確認しましょう。**デンマークの子どもと青少年メディア協会が『子どもと青少年向けのゲーム』というハンドブックを作成しており、そこにどんなゲームがあるのか、ゲームごとの年齢制限が定められています。このハンドブックで、お子さんが年齢に合わないゲームを勝手に買ってしまわないよう、どんな設定をすればいいのかが説明されています。ハンドブックの　URLはこちらです。

https://www.medieraadet.dk/medieradet/computerspil-born-og-unge-en-foraeldreguide

（デンマーク語）

❷次に**クレジットカードが承認なしで使えるようになっていないか、設定を確認しましょう。**あなたが以前にクレジットカード番号を入力したことがあるのなら、あなたの承認がなくても、お子さんがクレジットカードでゲームを買えてしまうかもしれません。何千円、何万円もの大金をゲームに使われてしまった経験がある親も多いです。そういう時、子どもは、「無料のゲームをダウンロードしただけ」とか、「ゲーム上の通貨を使っただけで、本当のお金を使ったわけではない」などと思っている場合が多いです。「コンピュータが勝手に買ってしまっただけだよ」という子どもの訴えは、ある意味、嘘ではないのです。なので、**お子さんがどのゲームをダウンロード、購入したか親が把握しておくことが大事です。**

❸次のステップは、あなたがゲームの名前やカバー写真をよく見て、ゲームの内容についてある程度、印象をつかんでおくことです。**ゲームのレビューを読んだり、YouTubeでゲーム実況動画を見たりしましょう**（「ゲームのタイトル」＋「ゲーム実況」と検索してみましょう）。あなたはまた**実際のゲーム販売店で、店員と話をすることもできるでしょう。**そのような店のスタッフは、様々なゲームについて、ある程度の知識があるはずです。**もしくは18〜19歳の若者と話をして、「10〜12歳の子どもにお薦めしたいですか？」などと聞いてみてもよいでしょう。**

あなたがお子さんに、犯罪を中心にした内容のグランド・セット・オート（GTA）など特定のゲームをしてはいけないと伝えたければ、まず**「GTAをしてはいけないと言っているのではなくて、他にどんなゲームをするべきか話そうって言っているの」**などと切り出してもよいでしょう。お子さんがフラストレーションを感じ、怒り出しても、一切、気にしないでください。あなたは落ち着いて、状況を把握するべきですし、**決断を変えないこと、子どもの言いなりにならないことが大事です**。それはあなたの責任であり、長期的な結果を見据える知力を持つのは、あなたなのです。**長々と説明すべきではありません**。なぜならお子さんがあなたの決断を理解したり、認めたりする必要はないからです。またどの段階でも、**お子さんのことを笑いものにしないことが大事です**。落ち着いていて、全体を把握できていて、強固な意思を持っているところを示しましょう。お子さんがどんな反応を示そうと、ひたすらこう繰り返しましょう。「GTAをしてはいけないと言っているのではなくて、他にどんなゲームをするべきか話そうって言っているの。これは私の責任だから、きちんと私が管理したいの」という言葉を繰り返しましょう。

お子さんが「GTAをしないといじめられる」とか、「仲間外れにされる」などと言ってきた場合も、許可を与えることは解決に繋がりません。まずはクラスの先生と話をし、お子さんの周りにいじめがあるか調べましょう。先生に、よいゲーム、悪いゲームについて、子どもと話をしてほしいと、提案してみましょう。ゲームの年齢制限を作文などのテーマにしてもらえるかもしれません。先生の裁量に委ねつつも、心配な点は知らせておきましょう。責任の所在をはっきりさせることだけで、問題が解決するわけではありません。必要なのは、知識と情報です。PTA会議の議題に挙げてみてもよいでしょう。そうしてそのことについて話をし、皆で決断を導き出せるかもしれません。そのゲームをさせてもらえないのが、クラスの中でお子さんだけだとしても、方針を変えないことが大事です。**ただ禁じるだけで**

なく、お子さんにいっしょに別のゲームを探そうと提案してみましょう。ダメと言う時には、責任をとり、大きな思いやりと愛情を示すべきです。それは間違いなく、お子さんによい影響をもたらすでしょう。

ルールや基本方針について意見が合わない時

お子さんのゲーム利用のルールや基本方針について、親として方針を定めるのは、難しいかもしれません。夫婦間、また他の保護者や学校、学童と意見が合わない時、さらにそれは困難になるでしょう。再婚家庭などで1人の子に適応されるルールと、別の子に適応されるルールが異なる場合はさらに困難になり、諍いが生じるリスクが高いでしょう。意見の不一致により、不安が生じ、親同士が互いについて、また子どもの先生や保育士や友だちの親について悪口を言うきっかけにもなりえます。そしてそれらはどれも、子どもによい影響を与えません。ルールや基本方針についての意見の不一致は、とりまとめるのが難しく、非常に多くの諍いを生み出しかねません。お子さんの生活に関わる他の人たちとあなたの意見が合わなかった場合、どう対処すればよいか、以下に私の意見を提示します。

親同士で意見が合わない時

子どものゲーム利用のルールや基本方針について、親同士で意見が一致しない場合、子どものいない

ところで、話し合うことが大事です。これらはじっくりと時間をかけ、熟慮する必要のある重要なトピックです。実りある議論をはじめるために、責任を押しつけ合ったり、自分を責めたりするのは、やめるべきです。罪悪感や自己憐憫は、事態を停滞させます。責任のなすりつけ合いによって、夫婦喧嘩になることがしばしばあるようです。一方が、「だから君は子どもを甘やかしすぎだって言っただろう」と言い、他方が、「あなたがあの子について話をちっとも聞いてくれないからじゃない。あなたが電源を切らせようとするから、あの子もやめないんじゃない。あなたがもう少し家にいてくれたら、こんなことにならなかったのに」と言うような議論は、あまり建設的ではありませんし、お子さんのためにも全くなりません。

お子さんにとって適切なルールや基本方針を決めるのは、両親が２人で負う責任です。子どもを手助けする前に、**夫婦が緊密に協力し、２人で足並みをそろえるべきです**。合意に達してはじめて、お子さんにルールや基本方針を提示できるのです。自分たちが何について意見が合わないのかについても、夫婦の言い分が異なるでしょうが、全く話をしないよりはずっとましでしょう。親同士が透明性を保ち、明瞭であることで、お子さんは親同士の意見の不一致や受け止め方の違いに対応できるでしょう。それでもやはり、**お子さんにはできるだけ、嫌味の飛び交う喧嘩や険悪な空気を味わわせるべきではありません**。

子どもはゲームしたいがあまりに小さな嘘をつくことも

子どもというのは基本的には、願いが1つ叶うと、新たな要求を親にしようとするものです。例えば親同士で、子どもに1日2時間ゲームをさせてよいと意見が一致したとすれば、ゲームをしてよいとゴーサインを出す前に、いっしょに話をすることが大切です。**大半の子どもがゲームの時間を増やすため、小さな嘘をつくものです。お子さんにゲームしてよいか聞かれたら、答える前に、パートナーにも確認しましょう。**

離婚家庭にも、同じ原則が多く適用されます。ただし、もちろん離婚家庭がゆえ、複雑な面もあります。最も理想的なのは、**別れた後も、共通のルールをいくつか定める**ことです。離婚後もいっしょにコーヒーを飲むのを習慣化させましょう。そこで**あなた方の両方が守れそうなルールや基本方針を見付けたら、それを子どもの前で2人でプレゼンテーションしましょう。合意に至らない点があれば、それをいっしょに子どもに伝えましょう。**子どもはあなた方が明確に示しさえすれば、一方の親の課すルールともう一方の親の課すルールとが異なっていても、うまく対処できます。ですが、子どもが片方の親の家ともう一方の親の家を行ったり来たりする際、意見の不一致が生じやすいことは覚悟しておきましょう。

親同士で全く話ができず、同じ空間にいっしょにいられない場合は、ゲームについてのあなた自身のルールを定め、それを子どもに紹介しましょう。「これに私は感心しないわ。パパの家みたいに、何でも許すわけにはいかないわ」「今はママの家にいるわけじゃないんだから、コンピュータの電源を切って、パパの言う通り、手伝いなさい」などと言ったりして、もう一方の親を批判するのはやめましょう。**大事なのは、もう一方の親を悪く言わないことです**。あなたの子どもの遺伝子の半分は母親、半分は父親から受け継いでいるということを忘れないでください。子どもは一方の親を悪く言われる度、自分自身を悪く言われているように感じるものです。

再婚家庭

再婚家庭ではルールや基本方針について、議論が紛糾する危険性があります。あなたの再婚相手の子どもが、あなたの子どもと同じぐらいの年頃で、1日4時間ゲームをしているとすれば、あなたの子どもに2時間しかしてはいけないと言い続けるのは難しいでしょう。他の子がGTAをしていたら、あなたの子どもにしてはいけないと言うのも難しいでしょう。ここが一番、頭の痛い点です。同じ年頃の子どもに、別のルールが適応されるということは、子どもにとって理解しがたいことでしょう。きょうだいであれば、お兄ちゃんだから、お姉ちゃんだからなど年齢を理由に言い聞かせやすいでしょうが、連れ子同士では、必ずしもその説明づけは当てはまらないでしょう。

この場合、折衷案を見出すしかありません。父親と子どもの間で、こんな風に対話を進めるとよいでしょう。

父　親「君は私の子どもだ。君をしつけるのは、私と君のお母さんの責任だ。2人で決めたんだ。お前がゲームをしてよいのは、1日2時間までだって」
子ども「でも、カールは4時間もやっているじゃないか。ずるいよ」
父　親「カールにはカールの父親がいて、カールをどう育てるか決めるのは、カールの両親だからだよ」

再婚家庭の子どもの中には、これからは1つの新しい大きな家族になったのだから、新しいルールが適応されると知らされる子もいます。ですが、新しい家庭ができて、はい、めでたし、めでたし、というわけにはいきません。私が親の離婚を経験した子どもたちに、「あなたの家族は誰ですか？」と尋ねると、決まって、「母親と父親と血の繋がったきょうだい」という答えが返ってくるもので、「親の新しいパートナーとその子ども」という答えは全く聞きません。ですので、家庭内の共通のルールを定める際には、〝家族〟という言葉は使わず、例えばこんな風に表現してはどうでしょう。**「この家では2つの家族がいっしょに暮らしているんだ。両方の家族が守るルールを、いっしょに決めてはどうだろう？」またはそれぞれ自分の子どもに従わせるルールを決め、互いに干渉したり、互いのやり方を卑下したりしないようにしてはどうでしょう？**　もしくは、家の中での共通のルールを決めはしても、〝新しい家族〟とは言わないようにしてもよいでしょう。

友だちの親

他の保護者と意見が合わない場合も、問題や迷いが生じやすいです。例えば、家でＧＴＡをしてはいけないと言われているのに、友だちの家ではＧＴＡをさせてもらえるといった事態が生じやすいです。他の家でどんなルールを適応させるか、あなたが決め、コントロールすることはできないので、対処が実に難しく感じられることでしょう。この場合、**あなたがとれる最善策は、その友だちの親と正直に話をし、知識や経験を共有する**ことです。**電話するか直接会うかして、プチ会議を開きましょう。この時、大事なのは、文字で意見を戦わせないことです。**文字でやりとりすることで、誤解が生じる危険性が高いです。

あなた方が、合意、または意見の不一致に至ったら、そのことを子どもに告げましょう。理想的なのは、もちろん意見が一致することです。そうすれば、両方の家庭で同じルールを適応させられるからです。お子さんの友だちの親が、自分たちの子どもに、ＧＴＡを3～4時間やらせて、あなたの子どもがいっしょに3～4時間ゲームをするかどうかは自分たちの責任でないと言ってくるかもしれません。その場合、それを元に、対処策を考えましょう。とはいえ、大抵は、あなたのお子さんが遊びに来ている時は、ＧＴＡをさせないようにすると申し出てもらえることでしょう。相手の親には当然、あなたの子どもがＧＴＡをしてはいけないということを知らせる必要があるので、これらのことについてオープンに話すことが重要です。私は責任をとることと知ったかぶりは、全く違うと強調したいです。これをともに解決するべき共通の問題と考えると、より建設的になるでしょう。

学童

もしもあなたの子どもが学童でゲームをするのを許され、家でもゲームをするなら、その子の幸福や健康を保つのに適した時間数以上、ゲームをしてしまう危険があるかもしれません。**ポイントは、その話題についてオープンに、穏やかに話すことです。学童にはあなたがゲーム時間をできるだけ制限しようとしていること、他のことをするようしつけていることを伝えましょう。学童の指導員に、お子さんが常にマウスやコントローラーを手にしていないよう、気を付けて見ておいてほしいと頼んでおきましょう。**他の子がゲームをしているのを目にすることは、本人がゲームをすることに比べれば、ストレスは全くかかりません。お子さんが学童で2時間、さらに家で2時間、ゲームをしていると判明したなら、それは本当に問題です。その場合、家ではお子さんがボタン1つ押すことも許さないようにしてもよいでしょう。またはマウスやコントローラーを持って座っているのをほんの時々しか許さないようにしてもよいでしょう。

学童内のことであっても、お子さんについて決定権を持つのは、親であるあなたです。もしも教師や保育士、指導員などが子どもに電子機器を使わせようとするなら、意図や目的を聞いてきましょう。ノートパソコンやタブレットを家にも備えておくよう、または何かのアカウントやプロフィール・ページを持つよう求められているのでしょうか？　**保護者会で、議論をしましょう**――それは不安や知識や経験を分かち合うよい方法です。私の印象では、大半の保育士や教師は、子どもが低年齢の段階から、インターネットやゲームをやりすぎていると思っているようです。保育士や教師は、あなたがお子さんのオンライン時間、ゲーム時間を減らしたいと思っているのを知って、怒ることはないでしょう。**あなたがお子さんのオンライン時間を制限するのを阻むようなことを学童の指導員がしていると分かったら、話し合う必要があるでしょう**。

子どもは周りの大人の協力を必要としています。なので、ルールや基本方針をともに見出しましょう。**あなた方の意見は完全には一致しないでしょうが、それで全く構いません。子どもが行く全ての場所で同じルールを適応させる必要はないのです。代わりにあなた方がはっきりと、大きな声で、ルールはそれぞれ違っていると言うことで、子どもは秘密を抱えずに済みます**。それぞれの場所でどのルールを適応させるか、あなた方大人の意見が一致してはじめて、子どもに説明することができるのです。意見が一致しない場合でも、堅実に穏やかにお子さんをコントロールするためには、事前準備が少し必要なのです。

新しいルールを子どもにどう伝えるか?

子どもはルールや日課が好きですし、自分たちに何を期待されているのか、はっきりと示されるのも大好きです。それがある種、長期間に及び行われることなら、お子さんはたとえ大声で言われなくとも、それをルールと受け止めるでしょう。あなたがはっきりとしたルールを定めなかったとしても、お子さんが自分でルールを定めるでしょう。そのため、**あなたがあるルールを変えようとしたり、不明瞭なルールをはっきりさせようとしたりするどちらの場合も、変えたいことがあるとお子さんの前で宣言しておきましょう。**

第一歩は、子ども抜きで踏み出すべきです。もしもあなた方が2人親なら、どうしたいか2人で協力して決めるようにしましょう。お子さんは平日、何時間ゲームしてよいでしょう？　週末は？　長期休みはどうでしょう？　どのゲームならしてもよくて、どのゲームはするべきではないでしょうか？　そしてどのゲームをやってよいか、いけないかの判断を下す上で、もう少し知るべきことはあるでしょうか？　何を議論すべきで、何を議論する必要がないでしょうか？　ゲームのルールと同じで、こんな風に紙に書いてはいかがでしょうか？　「平日2時間以上、あなたがゲームをしてはいけないというのは、議論の余地がないけれど、その2時間をいつにするかは話し合えるよ」「ワールド オブ ウォークラフトをしてはならないことは、話し合うつもりはないけれど、代わりにどのゲームならしてもよいかは話し合えるよ」

どのルールや基本方針が当てはまるか分かってはじめて、お子さんにそれを話せます。子どもが影響を及ぼせる余地があることは重要ですが、何が議論の対象ではないのか、基本方針を決めるのはあなた方、親です。議論の余地がある事柄のみ、子どもと議論するようにしましょう。もしもお子さんが議論の余地のない事柄について議論しようとするなら、愛情を込めて、優しくこう言いましょう。「議論すべきなのは、この内容だよ」過去に親子で境界線《ボーダーライン》を定めたり、子どもにゲームをたくさんしていいと許可を与えたりしてしまったことがあるなら、まずはこう言いましょう。「あなたに前に、部屋で1人でゲームをたくさんするのを許してしまった。それは私たちの責任だ。申し訳なく思っている。でも、これから変えていこう。月曜から変えるので、どうだい？」**子どもに物事を変える準備の時間を与えることも大事です**。そうすることで例えば、いっしょにゲームをする相手に、そのことを伝えられます。その後で、あなた方がこれからどんなルールを適応させるのか、子どもに伝えます。あなた方は特定のルールを導入した理由を、説明する必要はありませんし、子どもにルールを適応させる許可をとる必要もありません。**ルールを伝える時、モノローグのように話すとよいでしょう**。

電子機器の利用についてルールを明文化させよう

例えば次のように、ルールを明文化できます。「平日は2時間ゲームをしてよい。その2時間をいつにするか、自分で決めてよい。ただし、寝る1時間前はやめよう。金曜の放課後は、22時までなら、好きなだけゲームしてよい。土曜は、朝8時から22時までゲームしてよい。1時間半続けてゲームをしたら休憩をとり、画面を使わない活動を最低でも10分してから、またゲームをしよう」

ルールを書いた紙をラミネート加工し、ゲーム機やパソコンのそばに貼りましょう。そうすることで、ルールのオフィシャル感が増しますし、子どもの目につき、記憶に残りやすいです。

あなたが**お子さんにかつてほぼ無制限にゲームをすることを許していたなら、いきなりルールを変え**

お子さんはさらに飛躍して、あなたのことを独裁者と呼びはじめたり、「僕／私のことを愛してないんでしょう」と言ったり、「僕／私の生活のことを何も分かっていない」とか「だったら死んだ方がまし」などと言ってくるかもしれません。これでは本旨から外れてしまっています。こういう場合、あなたはお子さんに伝えたことは議論の対象でなく、親がコントロールすべきことだと言い続けるべきです。**お子さんが何と言おうが、そのペースに巻き込まれると、ほぼ間違いなく、理不尽と思われるでしょう。**あなたは説明する必要も、理論武装する必要もありません。お子さんの理解力が平均的で、すでに2回説明したのなら、あなたはこう言うことができるでしょう。「もう2回聞いたよね。そのことは議論すべきじゃないんだ。ここからは、議論すべきこと以外は、答えないよ。無視しているんじゃない。君は本当に理解力のある子だと知っているからだ。お父さん／お母さんが言っていること、分かるよね」子どもが分からず屋に見えるかもしれませんが、それで全く構いません。**大事なのは、親であるあなたが状況を穏やかに愛情深く、コントロールすることです。**

お子さんがルールに従いたがらなくても、あなたはあきらめるべきではありません。子どもが実際、ルールに従っている瞬間があるか目を光らせ、見付けたら子どもを褒めましょう。あなたがよいと思う行動をお子さんがしていたら、それを指摘してあげましょう。1時間半経ち、休憩をとるのを子どもが忘れずにいたなら、あなたはこう言うことができます。「私はあなたが休憩をとるのを覚えていたのに気付いたわ。私はそのことを本当にうれしく思った」**あなたはまた、子どもがルールを守った時、ご褒**

美をあげることもできます――ですが、ゲームの時間を延ばしてあげるとか、お菓子をあげるとかいった形でのご褒美を与えるべきではありません。ご褒美は、子どもにより大きな責任（家の鍵など）を与えるとか、何かいっしょにするとか（遊園地に行くなど）にしましょう。お子さんが全くルールに従わないとすれば、制限する方向に作戦を変更し、ネットを切りましょう。ですが、はじめてそうする時は、無力感を大いに感じるかもしれません。また、例えばお小遣いを減らすなどといったやり方で罰しても効果はありません。**罰したり、制限したりする際には、なぜ罰するか明確に示すことが大事です。**

すでにお子さんのゲーム利用が常軌を逸してしまっている場合

私は近年、起きている時間の大半を、自室に籠もり、電子機器の前で過ごす子どもや若者を目にしてきました。そういう子どもの親とのカウンセリングは、次のようなプロセスをたどる場合が多いです。親が、「息子（男の子が多いです）が急に部屋に籠もってゲームをし、家族を避けるようになった」と言い、私が詳しく話を聞いていくと、何年もその状態が続いていることが判明します。最初は学童に行かなくなり、その後サッカーのクラブ・チームや他の習い事や趣味の集まりに行かなくなり、さらに友だちを家に連れてこなくなり、友だちの家にも遊びに行かなくなります。長期休み中のある日、くつろぎたいという理由で、家族旅行について行きたくないと言い出します。そうして毎晩のように1人、部屋で過ごすようになり、食事も家族ととらなくなるのです。親は子どもが、ゲームをしながら友だちと話をしていたから、完全に1人ではなかったと私に説明してきます。

その次のプロセスでは、残念ながら、子どもが学校に行かなくなってしまう場合が多いです。そうなるのは小学6年生や中学1年生ぐらいのことが多く、そこまでになってはじめて、親がカウンセラーである私のところに相談に来ます。変化は一晩ではなく、徐々に起きるので、親は気付きづらいのです。そのような変化は、小学4年生から6年生にかけ起こりはじめる場合が最も多いです。

責任をとろう

親であるあなたが、子どもが自室で電子機器の前で過ごす時間が多すぎるという深刻な問題に気付いたら、何よりもまず、それはあなたの責任であり、子どもの責任でないと認識することが大事です。問題に気付くのが遅すぎたり、それにどう介入するべきか分からずにいたりしたのはあなたなのです。それは1日2日でぽっと起きた問題ではなく、また子どもが自ら好んで、家族や友だち、学校、学童などから遠ざかったわけではないのです。

何年もかけて変化が起こったなら、あなたが完全に無力と感じ、どうしたらいいか分からない段階までに問題は発展してしまっているかもしれません。怒声の飛び交うような諍いの多くは、この無力感によって生じる場合がほとんどです。これは明らかに有害ですし、問題の解決に全く繋がりません。中には、完全にあきらめて、子どもが自分で解決すべきと、責任を放棄する親もいます。一方、子どもにあれこれ質問をし、解決策を見出させようとする親もいます。後者は子どものストレスになります。選択をしなくてはならないことだけでなく、責任が自分たちの肩にのしかかっていると感じることも、子どものストレスになるでしょう。

子どもというのは、全体像を見渡したり、計画を立てたり、物事を系統立てて考えることができません。そのような能力を司れるほど、脳がまだ成長していないのです。子どもは自分たちの行動が、どんな結果を招きうるか考えが及びませんし、それゆえ責任をあまりとれないのです。長期的な結果を認識し、正しい基本方針を定めるのは、親の責任です。お子さんにこう言ってはなりません。「ゲームをやりすぎてはいけないって言ったでしょう。ほら、こんなことになって」それはあなたが15歳の太りすぎの子に、そうなったのが子どもの責任と言えないのと同じです。物事が度を超してしまった場合、それに気付かず見過ごしてしまったのはあなたであり、責任を負うべきなのもあなたなのです。

たくさんゲームをしすぎて、通常の生活を送れないと、子どもの自尊心は傷つきます。ひょっとしたら周りの世界に対し、自分自身について、普段から基本的に自信が持てていなかったのかもしれませんし、他者との関わりが少なすぎたのかもしれません。どちらの場合も、**その子は助けを必要としています。基本的に、子どもはそれを親の責任とか、親のせいとは思わず、自分を責めます。**子どもの自尊感情を高める第一歩として、あなたはこう言うことができます。**「これはあなたの責任じゃない。私の責任だ。」ここまでなってしまった今、あなたを助けるのも私の責任だ」こう言うことであなたは、子どもの重荷を下ろし、子どもが自身を軽んじてしまわないようにできるのです。**

責任をとりましょう

親であるあなたは、育児の中で、悪い決断を下すことがあるのを避けられませんが、何かよくない方向に向かった際、完全に責任をとることで、お子さんが文句を言わなくて済むようにすることもできます。

関心を示しましょう

親がゲームについて無知だったり、忙しかったり、関心がなかったりすることが、子どものゲーム利用が限度を超えてしまう主な原因となっています。はじめに度を超してしまった時、多くの親は皆、似たような対応を示します――それは、**子どもがゲームをしすぎてしまう理由を探ろうとせずに、手っ取り早い解決策を見付けようとすることです。**解決策として例えば、インターネットを切り、子どもがゲームをするのを禁じたりするかもしれませんが、これらにより親の無力さや問題解決能力の低さを露呈しかねません。子どもにコンピュータの電源を切り、あなた方親のところに来て、いっしょにいようと言っているようには聞こえません。単純に電源を切るより、ずっと複雑なプロセスが必要です。そもそも子どもと家族の断絶は、長期間にわたり、ゲームとは別の分野で起こるものです。なので、あなたはお子さんに自分の発言に耳を傾けてもらう権利をある日突然、声高に叫ぶことはできません。**問題の**

解決には、お子さんのあなたへの尊敬の念が必要です。そしてそれには、あなたがお子さんを尊重することが必要です。それまでお子さんとの関わりやお子さんへの関心が足りなかったことを認め、できるだけ静かに、穏やかに、お子さんの世界を、またお子さんのゲームの世界を知る努力をはじめましょう。すでに数年経過してしまっている場合には、状況が変わりはじめるまでに、2〜3か月必要でしょう。

あなたがゲームを理解しておらず、関心を持っていなかったからだと言い訳するなら、私はすぐに、それは全くもっていいことでないと言いたいです。あなたは大人であって、子どもの生活を見守る責任を負うのです。ゲームのことが分からないなら、お子さんに助けを求めればいいではありませんか。それには時間をかけること、子どもの心に寄り添うこと、それに関心を持つことが必要です。あなたが謙虚に素直に聞けば、お子さんは拒絶したりしないでしょう。人は誰しも、自分の関心事を、他の人と共有したいもので、お子さんも例外ではないでしょう。お子さんのしているゲームに、長期間関心を示すことで、あなたはそのゲームについて理解し、さらに重要なことに、お子さんの心に寄り添い、お子さんがどんな風にゲームを使っているのか、把握できるでしょう。あなたは心からの関心を示すことで、お子さんを尊重していることを示すことができます。すると、お子さんもあなたを尊重してくれることでしょう。そうしてはじめて、あなたはお子さんのゲーム利用に対し、基本方針を定めることができるのです。

家族全員で電子機器やインターネットの電源を切ろう

子どもがゲームをやりすぎてしまった場合、家庭内でゲーム機やインターネットを切る時間を、1日に2、3時間設けるとよいでしょう。いつ切るべきかを、お子さんに前もって伝え、そのルールを家族全員で守るようにしましょう。お子さんは、ほぼ間違いなく怒り出すでしょうが、それで全く構いません。楽しくて、素晴らしい代替案を考える必要もありません。大事なのは、あなたがお子さんの心に寄り添うことです。

お子さんがなぜたくさんゲームをしてしまうのか、原因を探ることが大事です。まずは特定のゲームをなぜそんなに格好いいと思うのか、どうして他のゲームよりも楽しく、興味を惹き付けられるのか、聞くことからはじめましょう。はじめ子どもは、変だな、と思ったり、いぶかしがったりするかもしれませんが、例えばあなたはこう言うことができるでしょう。「あなたにとって明らかに大事なものに、私があまり関心を示してこなかったのだと気付いたよ。これから変えていくからね」するとお子さんの固く閉ざしていた心の扉が開き、重い口を開くでしょう。あなたと話をするのを、子どもがゲームから離れ、休憩をとるきっかけにしましょう。子どもが1時間ゲームをし続けていたら、あなたは部屋に入り、こう言いましょう。「あと30分したら、休憩をとろう。そうしたら、あなたがゲームの中で何をはじめたのか聞かせて。紅茶を入れるから、キッチンにとりに来なさい」お子さんが話をはじめた際に、お子さんとあなたが断絶されないよう、あなたの携帯電話やコンピュータは完全に見えないところにしまいましょう。関心を持ち、耳を傾け、お子さんが話していることについて質問をしましょう。あなたのお子さんは段々と、あなたに信頼を抱くようになり、そうしてあなたは例えばいじめ、欝、孤独、失恋、中毒、喪失といった、子どもが部屋に1人閉じこもる背景となっているかもしれない、お子さんの生活の暗部をのぞき見できるでしょう。

お子さんが現実世界を離れ、ゲームの世界に完全に逃げ込んでしまっているのなら、それは居心地のよい世界を見付けたということかもしれません。お子さんは現実世界では得られない賞賛や尊敬をそこで得られているのかもしれません。私が話をしたことのあるゲーム中毒の子どもには、オンライン上の友だちに現実世界の問題を話している子もいれば、オンラインの世界を、問題から完全に消えるために使っている子もいます。ゲームの中で、子どもたちはよりよい世界を――ひょっとしたら自分たちがこんな風に生きたいと夢見る世界を作るという共通のミッションに取り組んでいるのかもしれません。ミッションを成功させるため、子どもたち1人1人が、他に代えられない役割を果たし、互いを助け、救うためなら、自分の身に危険が及ぶことも厭わないのです。

ゲーム機を子ども部屋に置くのは、やめましょう

子どもをゲーム中毒に陥らせてしまったことにあなたが責任をとり、お子さんがあなたをより信頼し、どうしてゲームに多くの時間を費やしてしまったのか、理由が分かったら、次のステップは、**子ども部**

屋からゲーム機をなくすことです。次のように言うことで、**変化が起きることを、子どもに予告しましょう。**「君が部屋にいる時間が長すぎるって、気付いたんだ。まずは君に謝りたい。君がそうやっていつも部屋にいるのは、私たちの責任なのだから。私たちは君ともっと近くにいたいから、これから変えていきたいんだ。月曜から、空気の入れ換えができるよう、君の部屋のドアを1日2時間開け放つよ。2週間後には、夕飯をいっしょに食べるようにしよう。1日2時間、ドアを開け放つようになって3週間したら、ゲーム機を部屋から移動させるよ。ゲーム機を君の部屋から移動させることは揺るがないけれど、どこに置くかは、いっしょに話し合えるよ。私たち親から画面が見えるように配置しよう。あなたはもちろん子ども部屋にいる時、ドアを閉めてもいいけれど、ゲームをするためにドアを閉めるのはダメだよ」**ゲーム機の置き場の候補を2、3、挙げ、子どもに選ばせましょう。ゲーム機を、家族のいる賑やかな場所に移動することが肝心です。**

表を作りましょう

ゲーム機を部屋から移動させるまでの3週間のプロセスを表にすることで、全体像を視覚的にお子さんに示しましょう。紙に書くことで、オフィシャル感が増しますし、表を見ることで、お子さんの心の準備もできます。**その計画を、親であるあなた方もいっしょに守ることが大事です。**

1週目：1日に2時間、子ども部屋の扉を開け、空気の入れ換えをしよう。

2週目（日曜）：家族と夕飯を食べるようにしよう。

3週目（日曜）：ゲーム機を部屋から移動させよう。

子どもはほぼ間違いなく、怒って、こう言うでしょう。「お母さん／お父さんは境界線《ボーダーライン》を踏み越えている」「馬鹿みたい」「何も分かってない」それで全く構いません。親としてあなたが主導権を握り、責任をとりはしても、質問したり、説明したりする必要はありません。お説教する必要も、目くじらを立てる必要もありません。**同じ言葉をひたすら繰り返しましょう。「あなたの世話をするのは、私たちの責任だ。主導権を握るのは、私たち親なんだよ」**子どもは親が下した決断を理解する必要も、認める必要もありません。子どもの反応に広い度量で対応しましょう。**まずは子ども部屋からゲーム機を移動させ、子どもに今と同じ時間数、ゲームさせましょう。ただし、睡眠時間を8時間程度、確保するように**

しましょう。子どもがゲームをしている間、あなたは子どものそばにいて、例えば本を読むとか、映画を見るとか、仕事をするとか、何か別のことをしましょう。ひょっとしたらあなたは、ゲームをしている様子を見てもいいと言われるかもしれません。親御さんの中には、なぜリビングがゲーム一色になり、そこにゲームの音が響き渡るのを許容しなくてはならないんだと理不尽に思う人もいるようですが、子どもを孤独や孤立から救い出す上で、それは必要なことなのです。

プロセスの目的は、お子さんにとっての最善を尽くすことです。あなたは行動することで、子どもの生活に関心を持ち、お子さんが部屋で1人ぼっちでいるのをやめられるよう手助けしたいという意思を示せるのです。子どもは周りの世界から孤立することで、どんな結果が生じうるのか予想できませんし、自分が孤立してしまっている背景に、ゲーム以外の何かがあると理解するのに、必要な洞察力も持ちあわせていません。そのため、**責任をとるべきなのは、親なのです。**

助けを求める

子どもが不登校になるほど、ゲーム中毒になってしまったら、専門家の助けを求めるよう、お勧めします。不登校の原因となっているのはゲームだけでなく、他に原因があるのか探るのには、専門家の介入が必要です。専門家は子どもを学校に連れ戻すという重要かつ困難な作業で、親を支えることもできます。不登校の原因には、次のようなものが考えられます。

- いじめ
- 学校での成績不振
- 1人の時間が長すぎる
- 辛い離婚など、親との問題含みな関係
- 隠れた病気／障がい
- 家庭内外での身体的、精神的虐待
- ネグレクト
- 家庭内に潜む精神的病
- 家庭内におけるアルコール、または薬物の濫用

eスポーツのプロ

eスポーツは、他の種類のスポーツと同じぐらいよいものなのでしょうか？ お子さんをeスポーツのクラブに入会させるのは、よいことなのでしょうか？ 競技の種類が違っていても、親が重要な試合にはついて行き、同じように応援すべきなのでしょうか？ **子どもがゲームをプロとしてやりたがったり、ゲームにフルタイムで取り組むために、学業や仕事をやめると言い出したりしたら、どうしたらいいのでしょう**？ これらの疑問に完全に明快な答えはありません。例えばeスポーツが、他のスポーツと同じぐらいよいとは言えませんが、何のスポーツ・チームにも属さないよりはよいでしょう。eスポーツをしたいという子どもの意思を尊重しましょう、というのが私の勧めですが、そこにはある落とし穴が潜んでいることに注意が必要です。

eスポーツ

ボクシングであろうとアーチェリーであろうとeスポーツであろうと、お子さんがしたいことに対し、あなたが親として立場を示すことが大事です。子どもの言い分や願いに耳を傾け、できる限り応えるべきですが、最終的に子どもの代わりに決断を下すのは、あなたの責任だということは覚えておいてください。もしもあなたが、お子さんがそれらをプロ級に上手になるほどするのを許す際、何年も前にした発言を突然、翻すべきではありません。**もしもあなたが、お子さんがスポーツのようにゲームをするのを禁じるという選択をしたなら、そのことをはじめから告げ、そのために必要な時間数ゲームすることを許さないようにしましょう。**

ゲームをプロ級でしている子どもの実に多くの親が、そのことについて、前もって見解を示してはいないようです。親が見解を示さなくてはいけない段階に至るまで決定権を握っているのは、大抵子どもたちです。親に、一体どのようにしてゲームをしはじめたのか尋ねても、大抵、ほとんど覚えていないのです。子どもたちに尋ねると、「ただゲームが家にあったから、やるようになった」とか、「友だちゃきょうだいからゲームをしようと誘われた」といった答えが返ってきます。私はゲームを探すのを親に手伝ってもらったと子どもたちが話すのを、ほぼ聞いたことがありません。一部の親はまた、子どもが実際よりずっと高いレベルでゲームをしていると思っているようです。プロ・ゲーマーになることは、多くの点で、プロのサッカー選手になることと似ています。サッカーで食べていけるようにたくさんトレーニングする人が、全員プロになれるわけでは全くありません。

クラブに入る

ゲームが一種のスポーツと認められることには、メリットもあります。例えば、**スポーツ・クラブや、体育協会が、eスポーツの基本方針を作成しており、運動や健康的なライフスタイルにしばしば焦点を当てている点**などです。ブラインドを下ろしたまま、またはドアを閉めっぱなしで部屋に閉じこもっている子どもが、eスポーツをすることで、外に出て、同年代の子どもや、**eスポーツ・クラブのトレーナーと物理的にいっしょにいる機会を得られる**こともメリットです。

親であるあなたは、ゲームをスポーツとしてするのを推奨するかどうか、方針を決めなくてはなりません。子どもがゲームをはじめた時にはもうあなたはそのことについて考えはじめる必要があります。イエスと決めたなら、当然、他のスポーツと同じように、ゲームと向き合うべきです。eスポーツをたくさんする子どもは、eスポーツが見下されることが多いために、eスポーツに関心があることを少し恥じているものです。あなたが親として、eスポーツに関心を持ち、それを小馬鹿にしないことが大事です。最初にお子さんにeスポーツをするのを許可したのは、あなたなのですから。

オンライン・ゲームでの役割

最も高度で、最もユーザーの多いオンライン・ゲームはいわゆる大規模多人数同時参加型オンラインRPG（MMORPG：Massively Multiplayer Online Role-Playing Game）です。そのうち最も人気があるのは、ワールド オブ ウォークラフトです。

このゲームで成功するには、優れたコミュニケーション能力や洞察力や戦略を練る力が必要です。プレイヤーはゲーム中で敵を打ち負かすのに使うより、多くの時間を、互いに話をするのに費やします。それらのゲームは全ての人が課題やそれぞれの役割を担う集団で行われ、いつ、どのように、特定の課題やミッションをクリアするのかを、詳細に約束します。

様々な種類の集団がいて、それゆえ、リーダーはそれぞれ異なる役割を担います。完全に大きなグループはギルドと呼ばれ、15～50人のメンバーから成る場合がほとんどですが、時に150人を超える場合もあります。ギルドのリーダーを務めるには、十分な統率力が必要ですし、民族、年齢、性別、文化的背景が入り乱れた人同士の諍いを解決できなくてはなりません。グループのバーチャル経済をコントロールし、ともに新しいメンバーをグループに誘い入れ、グループの戦略を教えるのも、ギルドのリーダーの責任です。ギルドのリーダーは最終的に、ミッションの成功にも責任を負い、成果を上げられないリーダーは、リーダーの立場に長く留まることはできません。5人未満のプレイヤーから成るグループ、〝パーティー〟や、6～40人のプレイヤーが協力して難しいミッションを攻略する〝レイド〟のリーダーにもなれます。あなたのお子さんがパーティーのリーダーだからといって、必ずしも大きなストレスを抱えているとは限りませんが、**ギルドやレイドのリーダーをしている子は、大きなストレスを抱えている可能性が高いです。レイドのリーダーを務めるのに、ゲーム能力を高く保つ必要がありますし、ゲームにひたむきに打ち込むプレイヤーから成る大きなグループに、責任を負うのですから。**

知っていますか？

アメリカのパロアルト研究所の研究者、ニコラス・ドゥケノウトとロバート・J・モーレの2人が、2005年から、MMORPGで必要とされ、育まれる社会性について研究しました。彼らの研究により、最も成功しているリーダーは、社会性に秀で、グループ内での連帯を高めることのできる人物であることが分かりました。リーダーはグループ内の各メンバーが、どんな能力を持つかや、彼らの能力をどうしたら最大限に活かせるか、正確に把握している必要があるのです。

（出典：Information、2008年2月27日）

お子さんがギルドやレイドのリーダーなら、ほぼ間違いなく、大きなプレッシャーを感じていることでしょう。お子さんがそのような高い地位についていることが、どれほどの一大事なのか、親が知ることが大事です。グループが出会い、計画を立てる時、またミッションをクリアする時に、リーダーの参加は不可欠です。グループ内で物事がうまくいかないと、リーダーは多くの暴力的な言葉にさらされ、他のグループのプレイヤーにまで噂が広まりかねません。大きなギルドやレイドのリーダーに、一朝一夕にはなれないと強調することも大事です。もしもお子さんがこれらの責任あるポジションに就いたとすれば、それはお子さんが非常にたくさんゲームをすることを、あなたが許したということです。そこまでになると、お子さんが主に成功体験をし、他の人から尊敬される唯一の場所がゲームになっている可能性があります。そうなった時に、**あなたがいきなり現れて、インターネットの電源を切ってしまうと、子どもはグループ内で居場所を失ってしまう**かもしれず、当然、親子間で大きな諍いが生じうるでしょう。

フォロワーが大勢いるプレイヤー

プレイヤーがゲームの様子を実況中継し、他の人たちがそれをフォローするのが、近年、非常に人気です。**ゲーム実況が主に行われているプラットフォームは、YouTubeの他にTwitchです。**Ｔｗｉｔｃｈというのは、週に5千万人余りのユーザーがアクセスする、ゲームのライブストリーミングが主に行われる動画配信用プラットフォームです。フォロワーは、誰かがゲームをする様子を見ながら、投げ銭をしたり、ゲームについてコメントしたりすることができます。ストリーミング・ライブを行うことで、アドレナリンの生成が促され、高揚感を覚えるでしょうが、元々ストレスのかかるゲームが、さらにストレスフルにもなりえます。

お子さんがＴｗｉｔｃｈで人気のライブストリーマーなら、数千、数万のフォロワーを抱えており、新しく、より質の高い動画を常に配信しなくてはならないという重圧を感じているかもしれません。ライブストリーマーは愉快な人物であるよう期待される場合が多く、それゆえ、配信をする際に、特定の仮面をかぶらなくてはならないと感じるストリーマーも多いようです。**ライブストリーマーにより簡単に服を脱がせられる少女たちもいて、一種のコンピュータによるカムガールの役目を果たしています。**女の子がたくさん服を脱ぐと、一部のフォロワーが投げ銭をすることもあり、女の子たちは投げ銭がほしいがあまり、つい服を脱いでしまうのです。

大勢のフォロワーを持つＹｏｕＴｕｂｅの有名ゲーマーになることは、あなたのお子さんにとって大きなプレッシャーになりますが、ライブ配信ではない場合が多いところが、Ｔｗｉｔｃｈとの決定的な違いです。子どもが動画を公な場所に上げる前に、自由に落ち着いて編集できるので、ライブでない方がより心が落ち着くでしょう。ですが、だからといって、子どもが動画について、1日に何度も考えないというわけではありません。デンマークで5万人のフォロワーがいるなら、それは非常に大きな数字です。15万人かそれ以上、フォロワーがいるなら、間違いなく有名で、またほぼ間違いなく、ＹｏｕＴｕｂｅから広告塔にならないか連絡が来ているはずです。有名になることには、たくさんのリスクをはらんでいるため、有名人の多くは、個人的アシスタントやアドバイザーやエージェントを雇っているものです。ゲーム（や他の様々なこと）を配信している子どもたちは、大抵、指導してくれたり、アドバイスしてくれたりする人がいない中で、〝舞台〟に立ち、親や教師が子どもにどんなコメントが寄せられているか、それによってどんなストレスがかかる可能性があるのか分かっていない場合が多いようです。

Få styr på dit barns digitale verden
Chapter
5

この章からあなたが学んだ５つのこと

❶ お子さんがどれぐらいゲームをしているか、それがお子さんにどんな影響を及ぼすのか注目しましょう。

❷ 平日、週末それぞれ、どれぐらいゲームをしてよいか、明確なルールを定めましょう。

❸ お子さんがゲームをたくさんしすぎることで、強いストレスがかかったり、攻撃的になったりしないよう、気を付けましょう。

❹ お子さんが何のゲームをしているか把握し、明確な境界線《ボーダーライン》を引くようにしましょう。

❺ お子さんがeスポーツをしたいという願いを支持しましょう――ですが、時に批判的な視点を持つことは忘れないようにしましょう。

Få styr på dit barns digitale verden
Chapter
6

第6章

ソーシャル・メディアと上手に付き合おう

この章に書かれていること

- □ ソーシャル・メディア上でも親らしく振る舞いましょう。
- □ ネットいじめへの対応策を考えましょう。
- □ リベンジ・ポルノの問題が起きたら、対処しましょう。
- □ 何をシェアしてよくて、何をシェアしてほしくないのか、お子さんと話し合いましょう。

「子どものソーシャル・メディアの利用にどう対処したらよいでしょう？」というのが保護者から最もよくされる質問の1つです。そう聞きたくなる気持ちも、よく分かります。子どもがＦａｃｅｂｏｏｋやＩｎｓｔａｇｒａｍ、ＹｏｕＴｕｂｅ、Ｓｎａｐｃｈａｔやその他のＳＮＳで何をしているのか親が把握するのは難しいですから。ソーシャル・メディアは常に変化していますし、子どもたちは大人とは違ったやり方でそれらと付き合っている場合が多いです。子どもたちの中には家族や友人といるよりも、ＳＮＳをしていたいかのように見える子も多く、また友だちといっしょにいる時も、携帯電話やタブレットを各自のぞき込んでいることがしばしばです。子どもに1日何時間までＳＮＳを使わせてよいか、ルールを設けるべきなのでしょうか？　もしも子どもがネット上でいじめに遭ったら——または他の子をいじめていたら、どうしましょう？　親としてＳＮＳ上でどんな風に振る舞ったらよいでしょうか？

ＳＮＳは必要だからこそ生まれたもので、存在自体が有害なわけではありません。ＳＮＳが害になるのは、子どもたちはＳＮＳを熟知しており、そこに潜む様々な落とし穴をも把握している、と親が思ってしまう時です。ＳＮＳにより自分たちがどんな事態にさらされうるのか、他の人をどんな事態に陥らせてしまう危険性があるのか、それらにどう対処したらいいか、子ども自身があらかじめ予測することは不可能です。子どもたちは大人の助けを必要としているのです。**あなたは、どのようなプラットフォームがあり、それらがどのような仕組みなのか、そして何より、お子さんがそれらのプラットフォームをどう使っているのかを把握しておく必要があります。それはあなたがお子さんといっしょにやるべきことなのです。**

子どもがＳＮＳのアカウントを開設したいと言い出したら

私はよく、「子どもが何歳になってからソーシャル・メディアのアカウントを持つのを許すべきですか？」と質問されます。ＦａｃｅｂｏｏｋやＩｎｓｔａｇｒａｍ、Ｓｎａｐｃｈａｔのような大きなプラットフォームでアカウントを開けるのは、13歳になってからだと公式には言われていますが、年齢を偽って、それよりも早く、アカウントを開設する子もいるようです。**例えばＦａｃｅｂｏｏｋなどで名誉を傷つけられたり、だまされたりと嫌な目に遭っても、13歳に満たない場合、助けを得ることはできません。**対策を講じてもらえたとしても、せいぜいアカウントを閉鎖してもらえるぐらいです。あなたのお子さんが13歳未満なら、他にＭｏｍｉｏやＭｏｖｉｅＳｔａｒＰｌａｎｅｔのような幼い子ども向けのＳＮＳもあります。

知っていますか？

２０１６年に、デンマークの小学４、５、６年生の保護者を対象に行われた調査で、わが子がＩｎｓｔａｇｒａｍやＳｎａｐｃｈａｔ、ＦａｃｅｂｏｏｋやＡｓｋｆｍといったＳＮＳでアカウントを持っている親は、64％いました。（出典：セックスと社会、ＹｏｕＧｏｖ、２０１６年）

お子さんが13歳以上であろうと、未満であろうと、**ＳＮＳのアカウントを開く際に、隣にあなたか別の大人がいるようにするとよいでしょう。誰が投稿を見られるのか、どうしたら知らない人にフォロー**

されないように、投稿を限定公開にできるのか話しましょう。SNSに投稿された写真は、プラットフォームに所有権があること、Snapchatの写真は削除されたように見えても、クラッカー（注：ネットワークやコンピューターを悪用する犯罪者）により見付け出されることがあるという点に注意しましょう。プライベートのグループにアップされたり、書かれたりした内容も、Facebook社は閲覧する権利を持っているとお子さんが知っているかも定かではありません。お子さんがSNSを易々《やすやす》と使っているように見えても、十分な知識を備えているとは限らないということは覚えておきましょう。

SNSを巡回していると、他の人が自分より素晴らしく、健康的で、きらびやかな生活を送っていると思ってしまうものです。見えているのは、現実のほんの一部だけなのに。SNSに投稿されているのは、選び抜かれたもので、完璧な写真を撮り、編集し、フィルターをかけるのに長い時間がかけられたものに違いありません。SNSでされるのは大抵、素敵な髪型や鍛え抜かれた体や、友だちが一杯集うパーティーといったものです。もしくは鬱や自傷行為などについての投稿も多いようです。庶民的で質素なごくありふれた日常生活が注目を集めることは滅多にありません。普通の生活を空虚で退屈だと捉えたり、他の人たちは自分よりも楽しくて自由な生活を送っていると解釈したりする子どもや若者と私は話をしてきました。多くの子どもは基本的には、SNSが現実を映し出しているわけではないと知っていますが、それでも、SNSは自分自身や世界の捉え方に影響を及ぼします。完璧な体や顔を見ることで、子どもの自尊心や自己イメージが揺るがされます。11～12歳になると、大半の子は体育の後、シャワーを浴びませんし、プールにほとんど連れて行けなくなります。更衣室はごくありふれた体を見られる素晴らしい場所なのに、これは不運なことです。なので私は親御さんたちに、子どもをプールに連れて行くよう勧めています。

ソーシャル・メディアで親はどう振る舞うべきか

お子さんがソーシャル・メディアであなたと友だちになりたがるなら、あなたはラッキーです。**あなたの方からお子さんに友だちになろうと求めることではありませんし、お子さんをタグ付けしたり、いいね！を押したり、コメントをつけたりする権利も親にはありません。お子さんに、親であるあなたにSNS上でどう振る舞ってほしいか聞き、話をしましょう。**あなたの投稿にタグ付けされるのをお子さんは楽しいと思うでしょうか、心地よいと思うでしょうか、ひどく恥ずかしいと思うでしょうか？　あなたがいいね！を押したり、コメントを付けたりしてもよいと思うでしょうか、それとも苛立たしく思うでしょうか？　子どもたちの中には、自分がした投稿に家族しかコメントを付けてくれないと、屈辱的と思う子もいますし、恥ずかしい親のコメントを見た友人たちが、投稿に反応しなくなってしまうこともありえます。大半の子は、親や他の成人した家族に、SNS上ではほとんどいないかのように振る舞ってほしいと願うものです。なので、**まずあなたは子どもの投稿に反応するのを完全にやめるべきですし、さらに重要なことは、事前に聞いたり、許可をとったり、明確な約束をしたりせずに、お子さんを投稿や写真にタグ付けしないようにすることです。**

多くの親は、**SNSであれこれシェアすることで、子どもたちの喜びを奪うことになりかねない**ということには思い至らないようです。例えば子どもが賞をもらったことを誇らしく思った親が、そのことについて投稿することで、お子さんが自らの口で友人や家族にそのことを話す機会を奪ってしまいかねないのです。またどうしてこれらの事柄をＳＮＳ上でシェアする必要があるのかも考えなくてはなりません。これらを親戚への個人的なメッセージやＳｎａｐｓで送るのは、親戚が喜んでくれると知っているからで、投稿するのはお子さんがどんなにかわいいか、あなたがどんな親かをフォロワーに見せたいからですよね？　特に後者には注意が必要で、制限するべきです。**ＦａｃｅｂｏｏｋやＩｎｓｔａｇｒａｍでどう見せれば映《ば》えるか常に考えてしまうことで、今この瞬間に意識が向かなくなってしまいます**。世間の目を気にすることで、振る舞いが左右されてしまうでしょう。お子さんが一番好きなケーキを作る代わりに、写真映えするカップケーキを作るようになるかもしれません。またハロウィーンの衣装も、お子さんが好きなものでなく、ＳＮＳに投稿した時に面白く見えるものを選ぶようになるでしょう。そのように振る舞うことで、**一番大事なのは、外から自分の生活がどう見られるかで、自分が一番したいことをすることではない、という信号を子どもに送ってしまうのです**。

お子さんが親であるあなたの心を読み、あなたの行動をそっくりそのまま真似するということに注意しなくてはなりません。あなたの行動がお子さんの行動をも左右する可能性が高いのです。あなたは行動を通して、例えばお子さんに境界線《ボーダーライン》を教えられると同時に、境界線《ボーダーライン》を踏み越えることをも教えてしまうのです。お子さんが知らない間に、自分の写真を何年も親であるあなたがシェアしてきたと気付けば、こう考えるかもしれません。「そうか、あらかじめ許可をとらなくても、他の人の写真をシェアしていいんだ」**あなたがお子さんの写真や動画をシェアしたければ、誰とシェアするのかも注意しましょう。さらにお子さんがＳＮＳにそれらをシェアしてほしくないと言うのなら、その思いを尊重しましょう。そうすることで、あなたはお子さんに、ネットでどこまで自分の情報をシェアされていいか、相手の境界線《ボーダーライン》を守ることができるのです。**ごく小さな子どもは、あなたがＦａｃｅｂｏｏｋやＩｎｓｔａｇｒａｍに写真を投稿することがどういう意味を持つか、もちろん考えることができませんが、保育所に入る頃にはもう、あなたが「まあ、その衣装、かわいい。おばあちゃんに写真を送るわね」と言えば、意味を理解できるようになります。このようにしてあなたは、行動を通し、子どもの写真を撮って、それを他の人に送ることで、注意を惹き付けられるのだと示しているのです。私は概して、あなたが他の人と、お子さんの写真や動画をシェアする量を抑えるようお勧めします。シェアしようか迷ったら、やめておきましょう。

ソーシャル・メディアは繋がりを断つメディア？

ごく一般的な教室をのぞくと、子どもたちが遊んだり、話をしたりする代わりに、携帯電話やタブレットをそれぞれ見つめる様子がほぼ間違いなく目に飛び込んでくるでしょう。家でも、子どもたちの多くは、半ばゾンビのような顔で、ＳＮＳの投稿を読み、家族とほとんど交流していないことでしょう。**子**

どもたちは家族や友だちといるより、ＳＮＳの世界にいたいかのように見えます。ですが実際、多くの子どもは、「もっと物理的に誰かといっしょにいたい」と言います。私は子どもにカウンセリングをする際、何をしている時、心から楽しいと思えるのかと質問するのですが、これまでのところ、「１人で電子機器を使っている時」と答えた子は１人もいませんでした。子どもたちは代わりに、ボードゲームをするとか、食事をいっしょに作るとか、犬の散歩をするとか、ドライブに行くとか、誰かと映画を見る時と答えるのです。それを聞いて、多くの親は驚きます。「どうして楽しくもないのに、電子機器をいつものぞき込んでいるの？」と。

第一に、ＳＮＳ自体が喜びとなってはいなくても、大半の子どもの社会生活に大きな役割を果たしているということを忘れてはなりません。クラスで皆の話題についていくためには、Ｓｎａｐｃｈａｔで何が起こっているのか把握しておく必要があるのかもしれません。または皆と待ち合わせをするのに、クラスのＦａｃｅｂｏｏｋグループに入る必要がある場合もあるでしょう。ＳＮＳは友だちや知人との関係を保つのに使われることもあります。転校しても、ＳＮＳがあれば前の学校のクラスメイトたちと連絡をとり続けるのが容易になるため、大半の子どもたちにとって、ＳＮＳは転校の不安を和らげる便利なツールとしての役割を果たすことでしょう。同じように、連れ子同士で再婚した親が再び離婚しても、きょうだい同士で連絡をとりやすくなります。

ただしＳＮＳを使うのは、物理的にいっしょにいることほどエネルギーを費やさなくて済みますが、得られるものも多くありません。それは子どもが玄米より白米を食べたがるのに少し似ているかもしれません。あなたはお子さんに、なぜ玄米の方が白米より健康にいいのか説明する必要はありません。それと同じように、SNSは物理的にいっしょにいることの代わりにならないと説明する必要もないのです。お子さんはそれを理解する必要はありませんし、分かったと言う必要もないのです。子どもがひどく苛立たしいと思っても、全く構いません。**大事なのは、あなたが人といっしょにいることの重要性を理解し、お子さんに、家族や友だちと現実世界でもいっしょにいるべきだと、信念を持って言えるようにすることです。**

もしもお子さんが、SNSをしたいがために他者との交流をおざなりにするようなら、原因は何か考えるべきです。単に他に何をするべきか、アイディアを必要としているだけかもしれません。退屈した時、携帯電話に触れるのは、一番手っ取り早い方法かもしれませんし、それが必ずしも問題とは言えません。またお子さんが刺激を受けすぎて、SNSをするのを負担と思うかもしれません。何が投稿されているのか確認して、絵文字を送るのに少しは労力がかかるのは明らかです。ですが、脳は実際、とるべき態度を決めなくてはならない印象や物事で溢れ返っています。刺激を受けすぎた脳は、平穏を必要としており、その平穏は、一度に1つのことに取り組むことで得られるものなのです。なのでお子さんがくつろぎたいなら、SNSをするより、ボール遊びをしたり、散歩に行ったり、絵を描いたり、食事を作ったり、本を読んだりする方がずっとよいでしょう。**要するに、お子さんが退屈してしまうのが問題なら、SNSはよい解決策になりえますが、脳が刺激を受けすぎていることが問題なら、SNSは解決策になりえないのです。**

最後に、お子さんが幸せかどうかを考えるべきです。お子さんはもしかしたら現実世界でいっしょにいる人がいないのかもしれません。その場合、SNSやゲーム・サーバーの中が、お子さんにとって同世代の子どもと繋がれる唯一の場所なのでしょう。その場所をお子さんから奪わないことが大事です。物理的な友だちを作るのが苦手な子どもにとって、SNSは国中で、また世界中で友だちを見付け、孤立や孤独を避ける手段になりえます。

インターネットを皆で休もう

今の子どもたちは、人との交流が多くなりすぎる危険性があります。社交は脳に負担をかけます。そのため子どもが学校で1日過ごした後、家に帰ってきたら、人との交流以外のやり方でくつろぐ必要があります。例えば絵を描いたり、音楽を演奏したり、テレビを見たり、ローラースケートをしたり、球技をしたり。もちろんお子さんが学校から帰ってきた直後に、家族や友だちといっしょに過ごしたがっても、全く問題ありません。ただ、子どもの中には休憩が必要な子もいて、そういった子どもはメッセージや写真や動画が常にせわしなく届く中では、休むのが難しくなるということは注意しておいてください。

お子さんに必要なルールを設けるのは、親であるあなたの責任です。お子さんが夕方遅くにくたびれきって帰ってきて、家ではただくつろぎたいなら、インターネットを切って、携帯電話をフライトモー

ドにするとよいでしょう。お子さんが夜、眠れないなら、ベッドに入る1時間ほど前にインターネットや携帯電話を使うのをやめるとよいでしょう。ソーシャル・メディアをすると、あれこれ考えてしまうので、就寝前に見るのはお勧めしません。お子さんは、拡散されている画像や動画や、受け取ったメッセージについて、ベッドの中で考えてしまうかもしれません。

インターネットや携帯電話を1日数時間切ろうというルールを導入することで、子どもから嫌われることは覚悟しておきましょう。**お子さんから苛立たしいとか、不公平だとか思われても、全く気にする必要はありません。**ひょっとしたらあなたの子どもは、他の子は皆、夜にインターネットをしているのに、自分だけそれを禁じられることで、あなたに社会生活をぶち壊されたと言うかもしれません。それに対して、あなたはこう言えるでしょう。「だったらお友だちに、このくだらないルールを作ったむかつく親がいるって話せばいいでしょう」こうしてあなたは親としての責任をとり、お子さんに怒られたり、苛立ちを露《あらわ》にされたりしても、動じないところを示せるのです。またお子さんがソーシャル・メディアをするより、本を読んだり家族と映画を見たりしたいと思っている時、ソーシャル・メディアでの交流を断るための口実にあなたを使えるでしょう。

なぜルールを導入したのか、説明する必要がないと強調しましょう。**あなた自身がルールを守ることが、何より大事です。**たとえお子さんが映画を見たり、漫画を読んだりしていて、気付いていなさそうでも。私は実は非常に頻繁に、親が子どもよりも先に挫折してしまうのをよく見ます。それは絶対に避けるべきです。第一に、精神的に子どもに寄り添っていないという信号を送ることになるからです。第二に、大人の説く道徳が一貫していないのを、子どもは概して嫌うからです。親自身がルールを守っていないのに、どうして子どもが守らなくてはならないのでしょう？　ですので、**インターネットを切って、携帯電話をフライトモードにする時間を1日の中で設けましょう。そしてそれを遵守しましょう。1日のどの時間帯を選ぶか、空いた時間を何に使うかは自由です。**ポップコーンを食べながら、心地よい映画をいっしょに見て過ごすこともできます。レスリングごっこをしてもよいでしょう。または本や漫画をそれぞれで読んでもよいでしょう。必ずしも、人と関わらなくてもよいのです。

親は立ち入れない世界

親としてあなたはほぼ間違いなく、見るのを禁じられ、それゆえ知り得ない事柄にお子さんが多くの時間を費やしているのを経験したことがあるでしょう。それは例えば、Ｓｎａｐｃｈａｔや Ｍｅｓｓｅｎｇｅｒのメッセージだったり、Ｆａｃｅｂｏｏｋのプライベート・グループだったりするでしょう。あなたが様々なプラットフォームでお子さんと友だちになっていたとしても、あなたはお子さんがいじめているか、いじめられているか、また他の方法で、自分自身や他の子の境界線《ボーダーライン》を踏み越えているかもしれなくても、必ずしも気が付くわけではないでしょう。あまりにたくさんの大人に見られていると気付くと、子どもはとてつもない速さでソーシャル・プラットフォームから退散してしまいます。親がＦａｃｅｂｏｏｋにやって来ると、子どもはＩｎｓｔａｇｒａｍに逃げ込み、親が

Instagramにやって来ると、今度はSnapchatに逃げ込むでしょう。特定のプラットフォームに子どもや若者を誘い込むのに莫大なお金が投じられていて、それゆえ、より魅力的なプラットフォームを築く熾烈《しれつ》な競争が行われています。**子どもにとって魅力的なプラットフォームとは、大人に監視されないプラットフォームなのです。**

多くの親は、子どものSNSアカウントのログイン・パスワードを把握しているようです。それは、アカウント開設の手伝いをしたからだったり、子どもがログアウトするのを忘れていたからだったりするようです。私はこれまで子どもが互いにどんな言葉を送り合っているのか、ログインして把握する権利があると考える一部の親と出会ってきました。**子どもも大人と同じく、プライバシーを保たれる権利がある**という考えを明確に私は持っています。**あなたは子どもの日記を読んではいけないのと同じように、プライベートなメッセージを読んではなりません。子どもの幸福について、深刻な懸念を抱いている時だけ、親はメッセージや日記といったものをチェックするべきです。**ここで言う懸念というのは、子どもがいじめられているのではないかという懸念でなく、例えばお子さんが自傷行為に走ったり、他の子に危害を加えたりしかねないとか、家出してしまいそうだとか、もっと切羽詰まった懸念です。このような珍しいケースでは、私は親に子どもの私的なメールや日記などを確認するよう忠告しています。その場合も、子どもから直接仕入れた情報を他の人に明かさないようにすることが大事です。なぜなら、大半の子どもはそれを、大きな裏切りと見なすからです。その情報は、いくつかの対応策を講じる上で用いられる予備知識として、ただ持っておく必要があります。

それなら親はどうしたら、**子どもがソーシャル・メディアで何をしているか**知ることができるのでしょう？　簡潔な答えは、「**聞いてみればいい**」です。例えば、お子さんに様々なプラットフォームの何が楽しく、何が素晴らしいと思っているか聞いてみてください。あなたが適切な聞き方で聞けば、お子さんは驚く程たくさん話してくれるでしょう。特に小さな子どもは、そういう話はとても楽しいと思うものです。大きな子どもの場合、何を聞くか事前に少し調べておくとよいでしょう。私が話をした子どもの多くは、実際、親が、ソーシャル・メディアで何が起きているのかあまり興味がないことを不思議がっていました。あなたが聞く時は、あなたが道徳を振りかざすのでなく（「そんなんじゃ駄目だよ」と言うなど）、心から興味を持っているのを示しましょう。あなたは例えば、「子どもが互いに不運な写真を共有して、厳しいコメントを付け合うＦａｃｅｂｏｏｋグループについて聞いたばかりなんだ。君はそういうグループを見かけたことはあるかい？」などと聞いてみましょう。あなたが突然、怒り出して、お子さんがそのようなグループに入っていることを叱らないことが大事です。そういうことをすると、お子さんはほぼ間違いなく、あなたにそういうことを話してくれなくなるからです。**大事なのは、必ずしもお子さんを限定公開のグループから抜け出させることではなく、そのグループで起きていることについてあなたと話せると示すことなのです**。

限定公開のグループといっても、アイディアを交換したり、宿題の手伝いをし合ったり、パーティーや食事会の予定を立てたりといった**無害な目的に使われることもあります**。ですが、暴力的で有害で不気味な動画がシェアされたり、同調圧力やいじめが起こったりする可能性もまたあることに注意が必要です。子どもは弱虫扱いされたり、グループから仲間外れにされたりするのが怖くて、断れないこともあります。子どもを例えば同調圧力から逃れられるようにすることが長期的な目標かもしれませんが、問題はそれよりもずっと複雑である場合が多いのです。**お子さんを特定の限定公開のグループから無理矢理脱退させることで、お子さんはクラスだけでなく、数千、数万の子どもからのいじめの次の標的になりかねません。**そしてこれはお子さんの人生に深刻な結果をもたらしかねないのです。なので、そのグループ内の文化がどんな風なのか、あなたが知るのも大事です。暴力的で有害な画像や動画がシェアされる限定公開のグループがあるようですが、**プライベートな画像や動画をさらされた人たちにどんな結果がもたらされるのか、あなたがお子さんと話すことが大事です。プライベートなメッセージのやりとりでも、限定公開のグループ内でも、特定の写真や動画をシェアするのが法に触れることもあるとい**うことを子どもに分からせるのもあなたの責任です。お子さんがあるグループ内でされた投稿を見るのが不愉快だと思うのに、グループを脱退したくないのなら、例えばその**グループのフォローをやめると**よいでしょう。グループの他の人からは、フォローを解除したことは見えません。多くの子どもにとって、グループでシェアされる有害な写真や動画やコメントを見るのはストレスや恐怖になります。**問題を解決するには、投稿を見ないようにし、心を落ち着かせることが必要です。**

　子どもが限定公開のグループやメッセージで不愉快な事柄に関わっていると分かったら、どうしたらよいでしょう？　ちょっとしたことで状況を悪化させかねないので、これは複雑な問題です。**最悪なのは、親が「A君がこのグループに投稿した写真を、うちの息子が見せてくれました」と保護者会で訴え**

ることです。A君にとっても悪者扱いされるのは気の毒なことですし、他の子たちからあなたのお子さんが告げ口したと思われかねません。どこかに責任を押しつけることで、問題が解決することは滅多にありませんが、諍いはちょっとしたことで大きくなりがちです。保護者会の議題にするべきではないというわけではなく、**議題にどう上げるのか、またそうする目的を明確にするようただ注意が必要**ということです。目的は子どもたちを加害者や犠牲者扱いすることではなく、子どもたちに不快で有害な写真や動画やメッセージをシェアするのをやめさせることです。大半の子どもはどこかの時点で、ソーシャル・メディア上で不快な事柄に直面するもので、それゆえ、**全てのクラスでそのことは議題にするべき**と思っているぐらいです。

保護者会で話し合ってみましょう

保護者会でネット上での不適切な行為について取り上げたい時、例えば、**「こんなことが行われている限定公開のグループがあると言われました。そんなことはないと思うのですが、何か聞いたことはありますか?」などと切り出すとよいでしょう。**そうすることで、お説教臭くならずに、建設的な議論をはじめることができます。具体的な例や解決策を提示する必要はありませんが、**一般論として話をはじめるのもよいでしょう。**

ネットいじめ

お子さんは間違いなく、傍観者として直接の犠牲者として、ネットいじめや同調圧力や無視といった間接的ないじめを経験したことがあるでしょう。またはお子さん自身がネットいじめの加害者になったことがあるかもしれません。**親がネットいじめがあるかどうかを認識し、問題に向き合うべきだ**といくら強調しても、しすぎることはないでしょう。子ども自身は、いじめや仲間外れにより、どんな結果がもたらされるのか考えることはできません。そのため、理解の手助けをするのは、あなたの役目です。分かりやすく説明するため、ネットいじめとは何か、**ネットいじめの当事者たちに対し、何ができるのかを、あなた自身が知る必要がある**のです。

知って
いますか？

デンマークのセーブ・ザ・チルドレンの相談窓口に寄せられる相談の60～70％は、ソーシャル・メディアでのいじめについての悩みでした。（出典：ポリティケン紙、2016年2月5日）

ネットいじめには特定の人を吊るし上げる非常に分かりやすいいじめもあれば、皆で特定の子の投稿に一切反応しないようにするといった非常に分かりづらいものもあります。 4人が同じコンサートに行き、4人ともコンサートについて投稿をしたのに、3人は3人からいいね！をもらえたのに、1人は2人からしか、いいね！をもらえなかったり。**子どもや若者が、ソーシャル・メディアの友だちの数や、フォ**

ロワー数で人気度を測ると理解することが大事です。いいね！をたくさんもらえるのは、友だちがたくさんいるとか、かわいいとか、面白いとか、思慮深いといったことを意味します。いいね！を十分にもらえなかったり、意図した相手からいいね！をもらえなかったりして、投稿をすぐに消す子も多いようです。お子さんがいいね！をもらえなかったり、何もシェアしていなかったりしたら、仲間外れにされている証拠かもしれません。親として興味、関心を持ち、対処しましょう。あなたが読んだ新聞記事や友人の子どもの経験について話をすることで、あなたがソーシャル・メディアのグロテスクな側面を知っていて、関心を持っているということを示しましょう。あまりに多くの親が、お子さんのソーシャル・メディアの利用を理想視するか、それらを把握するのをあきらめてしまっています。親は難しいことにあえて焦点を当てなければなりませんが、もちろんそれには、親がそういったことに関わる必要があるからです。お子さんと難しい事柄について話す際、お説教じみた話し方は控えましょう。

いじめについての話をどう受け止める？

いじめについての話をお子さんとはじめたかったり、蚊帳の外に置かれていると感じたりしている親に、私は特定の映画やドラマを子どもたちといっしょに見るよう勧めています。多くの子どもは、架空のものの話をされると、心を開き、より自由に話をしてくれるものです。映画／ドラマを子どもと見る前に、あなただけで見ておいて、暴力的な場面が出てきたら、お子さんに警告する備えをしておきましょう。様々な年齢の人を対象に、様々な角度からいじめを描いた映画がたくさんあります。

特定の人を阻害する分かりにくいいじめの手法として、他に**1人か2人だけを除外した限定公開のグループを作る**ことが挙げられます。クラスでは、この限定公開のグループで見たこと、書かれたことについて内輪話がされているので、グループに入れてもらえていない子どもたちは、自分が参加していないグループがあるのだと何となく分かります。直接口に出すことはないので、忘れられただけなのか、本当に仲間外れにされたのか、分かりません。どちらにしても、そういう時、辛く思うものです。月曜に、限定公開のグループで集まる約束がとりつけられ、そのグループに入っていない子どもが1人だけ、その集まりに入れてもらえないところを想像してみてください。招待されていないパーティーや映画館での写真を突然目にし、仲間外れにされていることに気が付くのです。または誰かがグループ内でメッセージを送って、既読がついているのに、誰も答えない時も。また誕生日パーティーに招待して、皆が参加ボタンを押したのに、当日、1人か2人しか来なかったり。大人でも大半の人が、これと似た経験をしたことがあるでしょう。

ソーシャル・メディア上のいじめでさらし者にされたり、仲間外れにされたりすると、そのことをクラスの子たちだけでなく、他の学校の子どもたちや、また時に全く知らない数千人、数万人の人に、知られてしまいます。サッカー・クラブやボーイスカウト、コーラスでいじめの標的にされた際、いじめられていることを誰にも知られないのは、ほぼ不可能でしょう。これは言葉で言い表せないほど、苦痛です。**ネットいじめに遭っている子どもは、同じ関心を持つ子や、同じように仲間外れにあっている子と話ができる別のグループを見付ける助けを得るべきです**。たとえいじめられっ子の集まりであろうと、何かしらのグループに属する体験をするのは、子どもにとって重要なことです。いじめに遭った子たちを、ソーシャル・メディアから少なくとも一定期間、引き離す必要があることもあります。問題の真の解決のためには、子どものアカウントを消す以外にもするべきことがありますが、**まずはアカウントを消すことで、お子さんを守り、重荷を下ろしてやることが大事です。**

子どもはほぼ皆、誰かが仲間外れにされたり、ネット上でさらし者にされたりしているのを見たことがあり、自分も同じ目に遭うのではないかと多かれ少なかれ不安に思っています。これは地雷源の周辺を歩くのに似ています。ほんの少し足を踏み外せば、自分が次の犠牲者になる危険性があるのです。学校やクラスの特定の誰かがさらし者にされているのを見た子は皆、いじめに遭っている子といっしょにいるのを見られたら、その子自身も、さらし者にされたり、仲間外れにされたりする危険があります。**自分が仲間外れにされるのではないかという恐怖心を抱くことで子どもは、いじめに加わります。**グループから仲間外れにされることは、最も不快で屈辱的なことであり、そのため、自分はそうなら

ブス!きもいんだけど
学校に来んなよ
え、ごめん
ウザイ
友達ヅラすんなっつーの
明日来なくていーよ
ブス! キモイ!
次は私の番かも…合わせておこう…

ないよう、必死になる子も本当に多いようです。あなたの子どもが、いじめや他の荒々しい出来事に関わっていると分かったら、極度に恥じたり、心配したりするべきではありません。人は大抵、同調圧力に屈してしまうもので、あなたのお子さんやあなたの子育てに問題があるわけではありません。もちろん、それでよいわけではありませんが、**お子さんがいじめに加わっていると気が付いたら、あなたがお子さんと、何よりいじめに遭っている子、またお子さん自身にもたらされる結果について話すことが大事です。**

同調圧力

1955年に、**社会心理学者のソロモン・アッシュ**が、個々人の集団への適応の傾向について調べる実験を行いました。実験は単純なものでした。実験の真の目的を知る俳優ばかりのグループに、何も知らない被験者が1人入れられます。そうしてグループは、**同じ長さの2つの線を指差すよう言われます。**どの線を選べば、正解にたどり着くのかは明らかでしたが、俳優が全て、間違った回答をするよう指示されて、被験者が最後に回答しました。**被験者の75%が、明らかに間違っている答えであるにも拘らず、グループの他の人と同じ答えを少なくとも1度は選びました。**

1960年代に、**社会心理学者のスタンレー・ミルグラム**が、肉体的な拷問が、学習にどう影響するか調べる実験を行いました。実験に参加しているのだと被験者に思わせる実験をしました。実験の場所には、生徒に扮した俳優が座っていました。生徒がいくつかの問題を解き、間違えると、被験者は、電気ショックのボタンを押します。答えを間違える度、電気ショックの強さが増していくかのように、俳優は演技をします。被験者がボタンを押すのを躊躇すると、実験リーダーは次のような順序で４つの課題を出しました。

❶ どうか続けてください。
❷ 実験には、あなたが続けることが必要です。
❸ あなたが続けることが、完全に重要です。
❹ あなたには続ける以外に選択肢はありません。

実験のリーダーから出された４つ目の命令に従って、ボタンを押すのを被験者が拒むと、実験は終了です。驚いたことに、被験者の２／３が、〝生徒〟が痛みで叫んだり、慈悲を請うたり、完全に静まり返るのが聞こえたのに、最高４５０ボルトの電気ショックを与えるという結果になりました。つまり、権威者から命じられれば、ごく普通の人も他人を傷つけるのです。この実験結果は、他者を過度に傷つけるのはサディストだけという以前の説を信じていた心理医師たちを驚かせました。

グループに入れてもらうために、人が必死になることが、これらの実験により明らかになりました。集団からの圧力や権威ある人への服従を示すだけのために、人は思ってもいないことを言ったり、したくないことをしたりするものなのです。

リベンジ・ポルノ

10代の若者の多くが、主に恋人同士で、自分の裸の写真をシェアしたり、非常に個人的な写真や動画を送り合ったりしているようです。私的な写真や動画をシェアすることは、永遠に親友であること、恋人であることの誓いや信頼の証なのでしょう。そのような写真や動画を撮ることは何ら悪くありませんが、それには**リスクが伴います。**例えば仕返しとして、元彼、元彼女、元友人が、他の人たちにそれらのプライベートな写真や動画を見せてしまうといった事態がしばしば起きます。**許可なく、個人的な写真や動画がシェアされることを、「リベンジ・ポルノ」と言います。**このようなことをするのは元恋人であることが多いようですが、クラッカーがコンピュータや携帯電話に入り込んで、プライベートな写真や動画を見付け出すこともあります。それらの写真や動画は脅迫に使われる場合もあれば、知らない人の個人的な画像や動画がアップされているホームページなどに何の予告もなく、突然、勝手に共有されてしまうこともあります。コンピュータや携帯電話にハッキングされ、個人的な情報や住所や人間関係を探られ、写真や動画を拡散されることもあります。まるでその人がポルノに出演しているかのように、その人の顔が全く別の人の裸体に合成される被害も近年増えています。**何もしていなくても、リベンジ・ポルノの被害に遭うことはあるのです。**

知って
いますか？

性的な写真や動画を本人の許可なくシェアするのは、違法です。写真や動画に映る人物が18歳未満なら、法律的な観点から見て、それは児童ポルノ案件です。児童ポルノの所持及び、シェアをすると、デンマークでは6年の禁固刑に処されます。

本人の許可をとらずに、私的な写真や動画を共有することが、ただの〝やんちゃ〟で済まされないということを若者が学ぶことが大事です。親としてあなたは、写真や動画をさらされた子たちに深刻な被害をもたらすかもしれないとお子さんに言い聞かせる責任があります。たとえ写真や動画に映っている子が知り合いでなくても、すでに何度も共有されていても、本人の許可をとらずに、性的な写真をシェアしてよいことは決してありません。私的なメッセージやSnapchatのスナップやメールやDropboxのファイルや限定公開のグループ内での投稿が、完全に個人的な秘密のものであること、そこに投稿された写真や動画をシェアするのは違法であることを、子どもに理解させるのも、親の責任です。

自分の子どもがリベンジ・ポルノに関わっていたら

もしもお子さんが性的な内容の写真や動画の無許可共有に関わっていると分かったら、落ち着いて、

お子さんの出方をうかがいましょう。お子さんは必ずしも悪意があって、そうしているわけではないでしょう。無知や同調圧力によりそうしてしまった可能性が高いです。**あなたがすべきことは、子どもと話をすることです**。その対話はお子さんの人生の他の面にも影響を及ぼしえます。あなたは何と言うべきかよく考え、確信を持ってから発言することが大事です。会話の準備を入念にし、その話題についての記事やドキュメンタリーに目を通しておくとよりよいでしょう。

　お子さんが理解すべき最も重要な教訓は、かわいそうなのはリベンジ・ポルノの被害者であるということです。会話は、子どもが自己弁護しなくてはならないような批判を帯びたものであってはなりません。お子さんに耳を傾けさせることが大事です。そのため、子どもが答えなくてはならないような質問をたくさんするのはやめましょう。**写真や動画を最初にシェアしたのは誰かとか、どうしてあなたがそれに関わったのかなどを問い詰めるべきではありません**。また親であるあなたが、お子さんのしたことを悲しんだり、失望したりしていると伝えたりするべきではありません。大事なのは、**どうしてその行為が間違っているのかを子どもに自覚され、2度と同じことをしないようにさせる**ことです。話すことでまず何より、お子さんがよりよい人間になる手助けをすることができます。

　例えば次のように会話をはじめてはどうでしょう？

「私は君が悪い人間でないと知っている。それでもこういうことを君がしてしまったのは、さらされた人にどんな深刻な結果がもたらされるか、君が知らないからなのでは。あなたがそうしなくてはならないというプレッシャーを感じたということもありえる。なぜ君がそういうことをしたのか説明する必要はない。大事なのは、なぜそれが間違った行為なのかを理解することだ。他の人をどう扱うべきか君に教えるのは私の責任だ。今回の一件に私が気付けなかったことを申し訳なく思っている」

こんな風に話しはじめれば、建設的な会話になって、お子さんはそこから逃れることなく、あなたの話に耳を傾けてくれるでしょう。一度話すだけでは十分でなく、継続的に会話をするべきです。お子さんがリベンジ・ポルノに関わることは間違ったことだと認識したという確信にあなたが至ったら、今度は**同調圧力について話しましょう。どうして同調圧力に抗うのがひどく難しいのか、抗う勇気と力をどうしたら身に付けることができるのか、話してみましょう**。これらについての明快な答えはありません。いじめについての映画をいっしょに見て、話し合うのもよいでしょう。

うちの子がリベンジ・ポルノの被害者に

お子さんが望んでいないのに、個人的な写真や動画をさらされてしまったことが判明したら、それがお子さんの人生に深刻な結果をもたらしうる、暴力的で信頼を裏切る行為であることを、まずあなたが理解する必要があります。お子さんに心理カウンセリングを受けさせるようお勧めします。それは、あなたがその問題を真剣に受け止めていることを示せ、守秘義務を持つ、その一件に直接関わっていない人と話をすることで、お子さんが大いに安心できるからです。あなたが例えば、お子さんの知らないうちに誰かと連絡をとるなど、勝手に対処に踏み出さないことを、お子さんに明確に示すことが大事です。

パートナー以外の誰かに、お子さんがリベンジ・ポルノの被害者になったことを話す必要がある場合、話してよいか本人に聞くべきです。お子さんがかつての友人や恋人にそのようなことをされたことに、激しい恥と悲しみと失望と恐怖を覚えているであろうことを忘れないでください。お子さんの恥の感情を増幅させないようにすることが大事です。例えば、「どうしてそんな写真を撮ったの？」などとは言わないようにしましょう。お子さんに、何も悪いことはしていないこと、他の人がした行為の犠牲者であるということを伝えることが大事です。

　お子さんは恥ずかしさの余り、誰とも会いたくない、話したくないと思っているかもしれません。リベンジ・ポルノの被害者が、皆に常に見られているように感じて、周りの世界から身を隠したいと思うのは当然です。ですが自分の殻に閉じこもっても、状況がよくなるどころか、孤独や疎外感を抱くだけです。**親としてあなたは、たとえお子さんが望んでいなくても、お子さんの味方だと伝える必要があります**。例えば、こう言うことができるでしょう。「私と話す必要はない。あなたはあなたのしたいことをすればいい。本を読んだり、宿題をしたり、コンピュータをしたり、他、全く別のことでも。ただ私が食事を作ったら、リビングにおいで」必要であれば、お子さんの部屋に入り、リビングに連れて行きましょう。1、2週間すれば、お子さんはほぼ間違いなく、あなたと再び話をするようになるでしょう。**あなたの役目は**たくさん話をし、よい忠告をすることではなく、**ただ耳を傾けることです**。あなた自身の携帯電話／タブレット／コンピュータの電源を切るか、フライトモードにすることは非常に重要ですが、お子さんの電子機器はそうする必要はありません。

リベンジ・ポルノの被害に遭うのは、想像がつかないほど屈辱的なことで、それにより引き起こされる恥や裏切られたといった感情、孤独に誰も抗えません。そのような状況に陥ったら、他の人も同じような経験をしたり、同じ感情を抱いたりしたことがあるか知る必要があります。そうすることで、孤独が和らぐでしょう。そのため、**お子さんに1人、または誰かと、リベンジ・ポルノについての映画やドキュメンタリーを見たり、記事や本を読んだりするよう〝強制〟するようお勧めします。**孤独という感情は真剣に向き合うべきもので、そうするためには、お子さんを孤独から助け出すことが大事です。**まずはお子さんに、「誰と話がしたい？」と聞き、その人に連絡してみましょう。**お子さんが頼りにできるような人の繋がりをお子さんの周りに、秘かに作りましょう。

際限なくシェアする

実に多くの子どもや若者が、ソーシャル・メディアやブログで自らのプライベートをシェアしています。彼らは非常にプライベートな状況で自分や互いの様子を撮影し、私的な写真を互いに送り合います。多くの子どもたちは、自分自身の、また他の子の境界線《ボーダーライン》を感じる能力を単純に失ってしまうのです。今、そういう傾向が見られるのは、それほど奇妙なことではありません。私的な写真や動画を、際限なくシェアしてしまう子どもや若者は、公私の境界線《ボーダーライン》が次第に消えていった時代に育ったからです。**親たちは、しばしば子どもに許可をとったり、伝えたりすることなく、数千、数万もの子どもの写真や動画や情報**

をインターネット上でシェアしています。子どもが恥ずかしいとかやめてと言っても、それをやめない親もたくさんいます。このようにして親たちは、何がプライベートで、何を公《おおやけ》にしていいのかという、子どもの境界線《ボーダーライン》を消してしまったのです。

知って
いますか？

2016年のアメリカの調査で、**親の倍の人数の子どもが、家族がソーシャル・メディア上に本人許可をとらずに、個人的な情報をたくさんシェアしすぎていることに不安を覚えている**ことが分かりました。

（出典：Hiniker他、2016年）

あなたがお子さんの写真や近況をシェアする際、それが公《おおやけ》にしてはならないことではないか、確認することが大事です。ソーシャル・メディアのあなたのページが一般公開になっていないか確かめることが特に大事です。子どもには、親のどの投稿を誰にシェアするかコントロールするのは不可能で、お子さんは完全に無力です。自分の子どもの部屋と比べたら面白いだろうと思う友だちの親に、散らかった子ども部屋の写真を突然、シェアされるといった事態に遭遇しかねません。あなたのお子さんがプライベートだと思っている写真や動画や面白い話を、あなたがソーシャル・メディア上の友人やフォロワーと共有してしまうことで、お子さんからの信頼を失ってしまうかもしれません。あなたがお子さんの境界線《ボーダーライン》を尊重することが大事です。なぜなら、そうすることで、あなたは他者を尊重することを教えることができるからです。

今の親は概して、子どものプライベートをソーシャル・メディアでシェアしすぎていますが、今の子どもが境界線《ボーダーライン》を感じる能力を失ってしまった理由は、もちろん、それだけではありません。子どもたちは非常に幼い頃から、暴力的だったり、不気味だったり、性的だったりする内容の写真や動画があちこちに氾濫する社会で生きています。**感情的にまだ見る準備ができていなかったものを目にしてしまい、激しい恐怖や悪夢にとりつかれた子どもが、ここ10年ほどで増えてきているようです。**多くの子どもが、荒々しいジョークやホロコーストの動画や動物の虐待動画や裸の写真やセックス動画といった暴力的な内容がシェアされている、限定公開のグループに参加しているようです。そこでは無制限に何でもシェアされているようです。そして特に境界線を踏み越えた投稿やコメントが最も多くのいいね!を獲得する場合が多いそうです。あなたのお子さんは境界線を踏み越えた絵や動画を自らシェアしたことはないかもしれませんが、他の子が限定公開のＦａｃｅｂｏｏｋグループやＹｏｕＴｕｂｅやＳｎａｐｃｈａｔで共有した衝撃的で、下品で、不気味な投稿を見たことはきっとあるでしょう。若者たちが例えば裸の写真や、セックス動画や、売春や援助交際をすることで贅沢な品物を買えるだけのお金を得る方法など、境界線を踏み越えた内容をシェアするＳｎａｐｃｈａｔのアカウントなどもあり、フォロワーも数千、数万といるようです。

スポットライトが子ども部屋にまで当たる時

有名になるために、ソーシャル・メディアを利用する子どももいるようです。自分の姿や生活を写真に撮り、ブログやFacebookやInstagram、SnapchatやYouTubeなどに載せるための動画を作り、フォロワーに見てもらいます。性格や容姿が秀でているために有名になる子もいれば、歌ったり、ダンスしたり、書いたり、ゲームしたり、創造性に富んだことをしたり、メイクや演技や漫才の才能があるために、有名になる子もいます。何で有名になるにしろ、**大きな圧力を感じる可能性は高いです。**何よりもまず、**他の人たちの期待に応えようと努力しなくてはならないという圧力、次に、ソーシャル・メディアで目立たなくてはならない、自分自身を宣伝しなくてはならないという圧力を。親は、お子さんがフォロワーに常に何かを届けなくてはならないというストレスを感じている点に注意しなくてはなりません。**常に新たなコンテンツをアップし続けなくてはならないことで脳は全く休まりませんし、アップしたものをどれぐらいの人が気に入ってくれたか、細かく追わなくてはなりません。ストレスというのは大抵、少しずつ現れるものですが、ストレスにより集中力は常に阻害されるものです。学校は退屈で、〝仕事〟の足かせになるもので、仕事をケアしなくてはならないため、友人の優先度は低くなるでしょう。趣味が急にある種の仕事に変わったことで、心の平穏や喜びを見出せていたはずの趣味を失ってしまったと感じる子もいます。

人柄を支持され有名になった場合、特に注意が必要です。ある投稿にたくさんの【低評価】ボタンが押されていたら、その子は人として認められていないかのように感じてしまう危険性があります。そのような経験をした後、足場を失い、新たなアイデンティティを探しはじめる人もたくさんいます。お子さんが特定の役割を負うことで、視聴者数をたくさん獲得できたり、【高評価】ボタンを押してもらえたりすることもまたありえます。**フォロワーに期待される世界や役割で生きようとするあまり、本来の自分がどんな風だったか忘れ、自分をなくしてしまう子も多くいます。**

注目を浴びることで、人は大きな快感を覚えるものです。自分はとても人気で、数千、数万のファンから愛されているのだと感じるのは、筆舌に尽くしがたい体験のようです。1つの投稿にいいね！や好意的なコメントが寄せられるのは、ロックスターがステージに上がり、数千、数万のファンから黄色い歓声を浴びるのに似ています。同時に、それらがなくなると虚無感に襲われるでしょう。**フォロワーやいいね！の数によって、自分の価値が決まるように感じる人も多いようです。これは現実の生活――自分のことをさらけ出したり、注目を浴びたり、認められるのとは無縁な生活に意義を感じなくなってしまう危険をはらんでいます。**常に有名人としての生活を送ってきたら、どの人も時々は必要とする心の平穏も熟慮する時間も得ることができません。また有名人の周りには太鼓持ちや取り巻きばかりがいて、他の人たちから心からのフィードバックをもらえない危険性もあります。真の友情はお子さんが地に足をつける上で役に立ち、それゆえあなたが親として友だち関係を築く手助けをすることが大事です。**大きな夢を抱いたり、自分は特別な才能を持っていると思ったりするのが悪いと言っているわけでは全くありません。有名になるプロセスで、我を失わないようにと言っているのです。**

ソーシャル・メディアで有名になった子には、プロデューサーもマネージャーもついていないことが多いのです。間違った情報が拡散されてしまったり、炎上してしまったりしかねない行為や発言にひょんなことから及んでしまいかねません。子どもはまた、やってあげようと申し出があったことや、頼まれたことを断るのが難しく、それゆえ大人から助けや助言を得ることが大事です。**有名人としての生活にはフラストレーションや孤独や退屈がつきものです。行動を常に誰かに見られていることで、プライバシーをも失ってしまいます。また自分を演じてしまうようになるでしょう。そして何より子どもの時にスターになることの一番の危険性は、子ども時代を失ってしまうことです。**子どもの時にスターになった人の中には、薬物中毒に陥ったり、孤独にさいなまれたり、最悪の場合、自殺したり、他の形で早死にしてしまったりする人もいます。幸いそうなることは滅多にないでしょうが、それでも親がこれらのリスクを知っておくことが大事です。

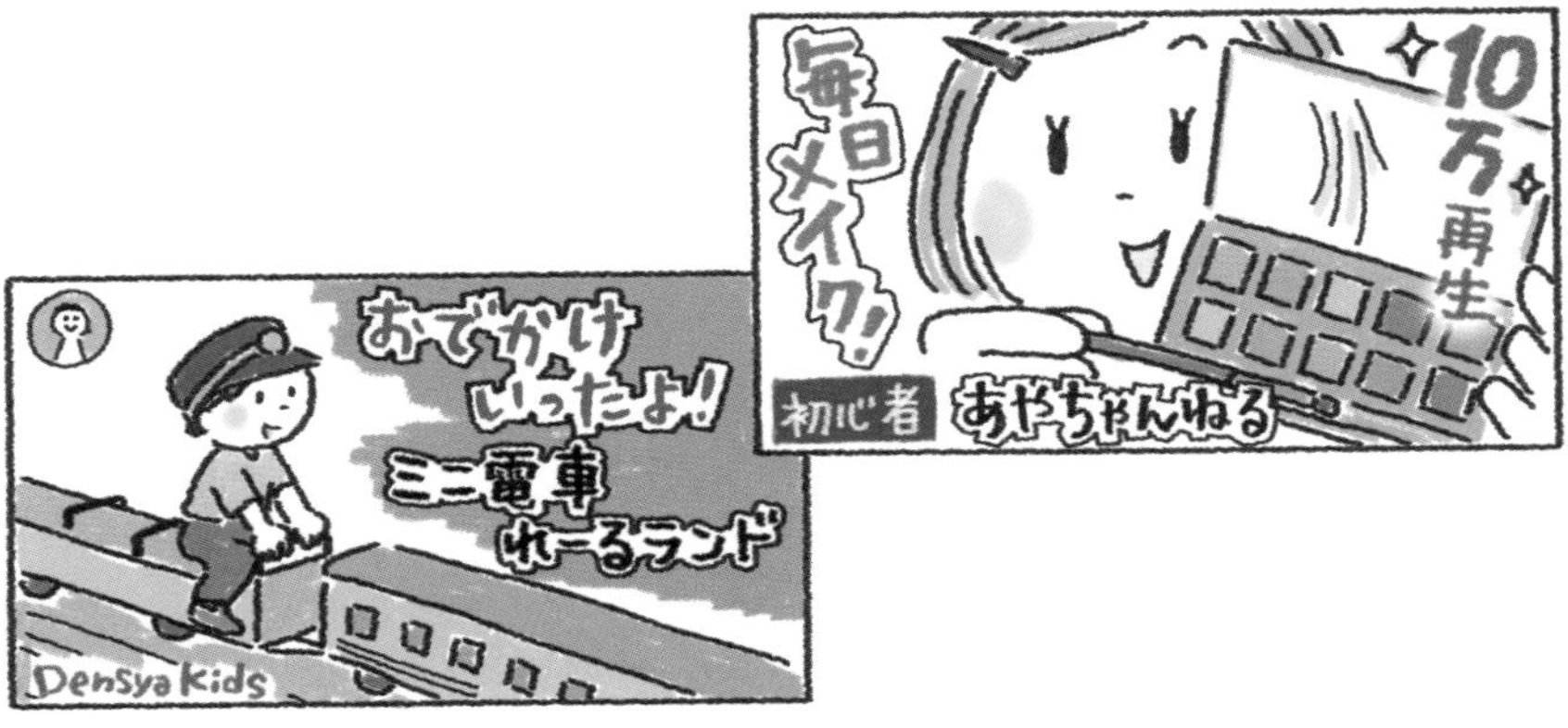

Få styr på dit barns digitale verden

Chapter 6

この章からあなたが学んだ5つのこと

❶ お子さんがソーシャル・メディアで何をしているか知りましょう。

❷ 親としてソーシャル・メディアとどう付き合うべきか考えましょう。

❸ お子さんとネットいじめについて話をしましょう。

❹ リベンジ・ポルノについて親子で話をしましょう。

❺ ソーシャル・メディアで際限なくシェアするのをやめましょう。

Få styr på dit barns digitale verden
Conclusion

終わりに

子どもともっと いっしょにいよう

この本を書きながら、私の頭の中をずっとぐるぐる回っていた言葉があります。それは、「さあ、はじめましょう！」です。

この本を通し、コンピュータやインターネットに代わる素晴らしい遊びを、子どもたちに提示するための新たなアイディアが得られるよう、願っています。

幼い子どもが周りを見回してみると、小さな光る画面をのぞき込む大人の顔が目に映るでしょう。ベビーカーを押し、散歩をする親の手にも、しばしば携帯電話が握られています。子どもは少し大きくなると、本当は親から注目してほしかったり、心に寄り添ってほしかったりするのに、タブレットや携帯電話を手に持たされます。子どもといっしょに過ごすよう雇われた大人のいる学校や学童の多くでも、デジタル画面をのぞき込んでいる子どもがたくさんいます。そして一部の子どもは、先生の携帯電話が教卓の上に出してあり、時々、バイブしたり、光ったりすると言います。なので、子どもが電子機器にあまりに多くの時間を費やしていることに大人がひどく驚いてみせたとしても、それを真剣に受け止めるのは少し難しいのです。それは私たちも原因となっていたり、私たちの多くもまた苦しんでいたりする問題なのですから。

もしも子どもに自分たちの言うことを尊重してほしいと思うのなら、まずは自らを省み、次に自分たち自身に対し責任を持つのです。親自身が携帯電話を手放せずにいるのに、子どもが常に携帯電話を使っていると文句を言うのを聞くと、空虚に思えます。親は子どものよいロールモデルになる必要がありますし、方針を定め、決断を下し、子どもとの諍いから逃げずにいることで、子どもの成長や幸福に責任をとることができます。子どもが電子機器を扱うのを許されすぎてしまう主な原因は、親の多くが忙しすぎて、仕事でしばしばプレッシャーを感じているからです。家に帰った時には、くつろぐ必要があり、子どもたちとぶつかり合わなくてはならない場面でその余力が残っていないのです。そうして、親が子どもの手にタブレットや携帯電話を持たせる〝デジタルおしゃぶり〟と私が呼ぶ現象が起きてしまうの

です。本当は子どもたちと正面からぶつかり合い、愛情を注ぎ、心に寄り添う必要があるのに。多くの親は、子どもたちが電子機器を楽しんでいて、家族と時間を過ごしたがらないのだと言いますし、そう思っているようです。ですが**子どもたちは、親ともっといっしょにいたい、ネットの世界はひどく退屈だと言います。ネットの世界は全くもって子どもに優しくは作られていないのですから。**

最近、私は10歳の女の子と話をしたのですが、その子の学校で児童全員にタブレットが配られたと言っていました。その子は授業中に出された課題が早く終わってしまった時に先生から、ゲームをしていいと言われるのだそうです。その子は学校にせっかく行っているのだから、もっと賢くなりたいと思っているのに、そう言われて、先生に教える意欲がないのではないかと感じたそうです。学童でも、子どもたちにタブレットばかりさせている指導員は、子どもと本当はいっしょにいたくないのではないかと感じるそうです。彼女の友だちの大半が、ゲームがたくさんできるので構わないと思っているため、いっしょに遊ぶ友だちもあまりいません。幸い、家に帰ると、両親が彼女といっしょに過ごしてくれるのですが、彼女の友だちの多くは家に帰ってからも、親に構ってもらえず、自室で電子機器ばかり見ているのだそうです。

子どもといっしょにいるべきなのは、親だけではありません。子どもの生活に関わり、世話をする全ての大人が子どもたちのお手本なのです。先生は授業をし、保育士や学童の指導員は子どもたちと遊び、球技をし、クリエイティブなことをするべきです。実はそういう人たちは、本当は子どもたちともっといっしょにいたい、必要ならもっと努力したいと思っています。ただ単に、電子機器で子どもを落ち着かせるのが楽なだけです。子どもは自分で電子機器の利用をコントロールすることができません。私は全ての先生が、子どもに授業中にゲームをしていいと許可しているとか、全ての保育士がゲームばかりさせているなどとは思っていませんが、子どもたちが私にしてくれる話を聞くに、そのような傾向が見られるのは確かで、それゆえ私たちは、それでよくはないのだと大きな声で言う必要があるのです。

多くの親は子どものデジタル世界を閉じた世界と見なしているようですが、自分たち親も、子どもに関心を示さないことで、子どもたちをシャットアウトしているとは考えないのです。子どもたちは自分が今、関心を持っていることについて話したいものですが、多くの親はおもちゃや漫画やゲームの話を聞きたくありません。子どもがあなたに、関心事について話そうとしてくれるなら、あなたはその誘いに応じ、携帯電話をフライトモードにし、お子さんの話に興味を持ち、耳を傾けましょう。

お子さんによいゲームを紹介し、いっしょにそのゲームの発見の旅に出ましょう。お子さんの年齢に合った、面白くて、考えさせられるような映画を探し、いっしょに見るようにしましょう。ソーシャル・メディアをいっしょに見て、同じYouTuberやブロガーをフォローしましょう。お子さんが興味を持っていることにあなたも興味を持ち、スライムを作ったり、メイクをしたり、海外の文化について学びましょう。**お子さんが夢中になっていることにあなたも関心を持ち、あなたがお子さんにいくつかの物事を紹介できるよう、または最低でもお子さんが話をしている時、それについていけるよう準備しておきましょう。お子さんはあなたが想像するよりも、ずっと長い時間、あなたのことを必要としているのです。**お子さんがあなたといっしょにいるより、ゲームをしたいのだと思い、匙を投げないでください。**電子機器以外のもので、いっしょに見たり、遊んだりできるものを提示するか、いっしょに電子機器を使うようにしましょう。一番大事なのは、あなたが子どもといっしょにいることです。**

デジタル世界では子どもの〝アンテナ〟が発達する

知っていますか？

デンマークでは、神経症やストレス状態にあるという診断を受け、病院で治療を受ける18歳未満の子どもや若者が著しく増えています。１９９５年にその数字は８００人でしたが、２０１５年には７３９０人にまで増えました。（出典：保険情報庁、２０１７年1月30日）

デンマークでは満ち足りた子どもが減ってきています。保育所や小学校の子どもの5人に1人以上がストレスを感じていて、毎週のように、または日常的に頭痛や腹痛、睡眠障がい、神経症、めまいや苛立ち、悲しみの兆候が見られる若者の数も増えています。孤独や不登校も子どもや青少年の間で増えつつある問題で、この7年間でADHDやアスペルガー症候群、欝や恐怖といった精神的な診断を受ける子どもは倍増しています。HSC（Highly Sensitive Child：敏感すぎる子）という概念が、ごく自然と人々の口から出てくるようになりました。子どもたちをどうしたら助けられるかが注目されるようになったのは、もちろんよい傾向ですが、同時に私たちは、**なぜ過敏な子どもが増えているのかにも注目する必要があります。**子どもは突然に放り込まれた環境の中でも生きていくのに必要な適応能力に長けた生きものです。あまりに多くの子どもが過敏になるのは、きっとそのような必要があるからでしょう。言い換えるなら、これは不健康な環境で見られる不健康な反応なのです。子どもをよく見つめ、病気なのではないかと考える代わりに、今では、私たちの社会が発展してきた方法で、診断を下すようになってきているのです。

電子機器の発達により、私たちの世界も、私たちの社会や家族、友人との関わり方も変化してきました。私たちは互いにいつでも連絡がとれますし、退屈したり、携帯電話の着信音や通知音を聞いたりすると、すぐに携帯電話を取り出します。子どもや若者は特に、クラスメイトと仲違いしたくなければ、すぐにメッセージや通知に反応しなくてはなりません。彼らは、一度に複数のウィンドーを開きます。例えば1つのウィンドーでシューティング・ゲームをし、別のウィンドーでYouTubeを流し、また別のウィンドーで宿題をし、また別のウィンドーでグループチャットをはじめるなど。そのため、**脳は、処理しなくてはならない印象や物事で常に溢れていて、完全なる平穏が得られることは非常に稀です。**

ストレスのかかるゲームの濫用と、欝の間には相関関係があり、ソーシャル・メディアと孤独の間にも相関関係があると分かっているのですが、どう繋がっているのか、私たちは正確には知りません。ゲームをすることで人は欝になるのでしょうか？　それとも、欝だからゲームをするのでしょうか？　ソーシャル・メディアをするから孤独になるのか、それとも、元々孤独を感じていたから、ソーシャル・メディアを用いてしまうのでしょうか？　ＡＤＨＤなどの兆候が見られる子どもが増えていることと、デジタルの発達の間には直接的な関係性があるとも言い切れるわけではありませんが、私たちは、**ゲームをしすぎることで、ＡＤＨＤに似た行動が引き起こされる**と確かに知っています。私たちはまた、**子どもが他人と積極的に関わる時、社会性が発達する**ということも知っています。例えば、電子機器の画面をのぞくことで、表情やボディー・ランゲージを読み解けるようにはなりません。**世の中のデジタル化により、子どもの発達や幸福にネガティブな影響が及ぼされうると信じる理由は十分にあります。**

私たちは子どもが生きづらい社会を作ってしまった

ソーシャル・メディアや過激なゲームは、多くの子どもや若者がなぜ不幸か、一部、理由付けしてくれますが、それらは彼らを不幸にする唯一の原因ではありません。**実に多くの子どもや若者が、周りの**

世界から、激しい圧力を受けており、ゲームやＮｅｔｆｌｉｘのドラマは、ある意味、そこから逃げ出す1つの手段となっています。私は小学6年生の時にすでに学校で、大人になったら何をしたいか質問されたという子どもと話したことがあります。将来のことについて全く考えたことのない子どもにとって、それはストレスのかかることですし、敗北感を覚えることでしょう。デンマークの学校では、近年、詰め込み教育が進み、また子どもたちの成績もかつてないほど、測られるようになってきています。託児所に入る年齢から、子どもたちは調査、観察の対象とされ、２歳の子どもが、色や曜日や数字や文字を小学生さながらじっと座って、暗記させられるようになってきました。**子どもたちを静かで穏やかにマイペースに育てる代わりに、よりたくさん、より早く学習の成果を上げるよう抑圧し、最終的に、子どもたちを駄目にしてしまっています。**

中学3年生になると、子どもたちは進学や成績の悩みを抱えるようになります。私は成績が悪いことで、自分には価値がないのだ、自分には明るい未来など待っていないのだ、と思い、ひどく不幸せに感じる15歳の子たちを目にしてきました。同時に、親たちは彼らに怒ったり、失望したり、彼らのことを恥じたりするのです。誰も子どもたちに、何に向いているのか教えてくれませんし、子どもたちの心の中は不安で一杯です。メディアには、今の子どもを問題視するニュースや彼らの将来を悲観するニュースが溢れています。私の印象では、若者たちは、よい成績を修めようと、かつてないほど、懸命に努力すると同時に、ボランティアも有償の労働もトレーニングもし、健康的な食事をとり、さらにその上で友人とくつろぐ時間もあるとソーシャル・メディアで示さなくてはならないように見えます。人生は順風満帆ではないのに、そう見せるため、たくさん努力するのです。

　子どもや若者はあらゆる方面からプレッシャーを受けており、それゆえ、彼らの多くがストレスや恐怖に苦しんでいるのは奇妙なことではありません。一部の学校では、子どもがリラックスの仕方を覚えるよう、マインドフルネスが取り入れられていますが、それも完全にバカバカしい話です。子どもは遊び方を学ぶ必要がないように、リラックスする仕方を学ぶ必要などないはずです。そんなのは、自然とできるはずなのに。子どもたちにとってしばしば、マインドフルネスは非常に苛立たしく、奇妙で、最悪の場合不安になって、少しストレスを感じますが、いい方に転べば、笑みがこぼれ、眠ることができます。5～8歳の子どもは、許しさえ得られれば、ほぼ常にマインドフルネスの境地に至ることができます。遊んだり、ぼうっとしたりする時、子どもたちの脳には自動的にα波が流れ、思考から解放され、頭を休ませることができます。子どもが必要としているのは、全ての思考や印象から解放され、ただ遊び、時々、ぼんやりとすることです。タブレットで遊ぶことは、それに比べてよいものではありません。なぜな

よい成績をとらないと…
よい成績をとらないと…

ら、脳が同じようにリラックスしないからです。子どもたちは簡単に言うと、子どもでいることを許されていません。心配事などなく走り回り、いたずらをしたり、笑いながら床の上を転げ回ったりするのを許されるべきなのです。

これほどまでに多くの子どもたちがストレスや恐怖にさいなまれていることの解決策は、子どもたちがよりタフになり、現状を受け入れる術を身に付けることではありません。子どもたちは自分たちがさらされている激しい圧力にまっすぐに目を向け、文句を言うことを許されるべきです。またそれらについてより健康的なルールを設けられるように、子どもたちの文句に耳を傾けるのが、私たち大人の責任なのです。そうするまで、私たちははっきりと明確に、子どもたちに言うべきです。「悪いのはあなたたちではありません。悪いのは、あなたたちが生きているこの状況なのです」私たちは子どもが抑圧に耐えきれなくなるほど、責任を背負い込んでしまうのを防がなくてはなりません。私たちは、子どもたちにそれを自分たちの弱さのせいと思わせないようにしなくてはなりません。私たちは子どもたちがよそゆきの最高の自分を見せようとするあまりに見せる恐ろしい表現を用いるのをやめさせるべきです。子どもたちはコーチのところに送り込まれ、そこで、外からの圧力に耐えられる強さを身に付けるよう教え込まれるべきではありません。それは強さとか、弱さの問題ではないのです。問題は、私たち大人が子どもにとって生きづらい社会を作ってしまったことなのです。

子どもではなく、私たち大人の責任

私は専門家に向け講演をする際、親はできる限りの努力を常にしているものだと強調して話を終えるのですが、実は今、迷っています。**私には、実に多くの親たちが、電子機器の利用については、自分たちが最善を尽くしていないと知っているように思えるのです。私は親同士が、子どものインターネット利用については何もできないと、暗黙の了解をしてしまっているように思えるのです。**両親が2人で肩をすくめてみせたり、半笑いでため息をついたりする様子を見ると、私は不思議に思わずにいられません。**「これは非常事態なのに。家族というものの危機なのに。子どもたちの成長と幸福が、激しい危機にさらされているのに」**私たちはちょっぴりバカバカしいことであるかのように、あきらめきった笑みを浮かべ、首を横に振るべきではありません。**これは深刻な事態で、どうにかするのは私たち大人の責任であって、子どもの責任ではないのです。**

子どもたちは触れられ、目を合わせられ、読み聞かせをしてもらい、いっしょに遊んでもらうべきなのです。長いドライブの間に、くすぐられ、抱きしめられ、慰められるべきなのです。手に電子機器を持たされずに、スーパーに行き、バスに乗り、家族旅行に行くべきなのです。

私はあなたがこの本を通し、お子さんの心に寄り添う必要がある際、地に足をつけ、問題を解決できるよう、コンピュータやインターネットが提示するたくさんの娯楽に代わる素晴らしい遊びを子どもたちに提示するための新たなアイディアが得られるよう、願っています。あなた自身が、お子さんがなぜ

電子機器を求めてしまうのかという謎の最も重要な鍵であることを忘れないでください。そのためにまずは、あなたがお子さんの最も重要なロールモデルであることを認めた上で、あなた自身の電子機器の利用に注意しましょう。そして最後に、大事なことは、大人の退屈なお説教をしないことです。

さあ、はじめましょう!

Jakobsen, Rasmus Giese: "Andelen af børn og unge med en psykiatrisk diagnose fordoblet på få år". Momentum, 10. april 2018

Ley, David J.: Ethical Porn for Dicks: A Man's Guide to Responsible Viewing Pleasure. Stone Bridge Press, 2016

Livingstone, Sonia m.fl.: "Risks and safety on the internet: The perspective of European children. Full findings." LSE, EU Kids Online, 2011

Mascheroni, Giovanna og Ólafsson, Kjartan. Net Children Go Mobile: risks and opportunities. 2.udg. Educatt, 2014

Relster, Andreas: "Spil dig til lederevner med onlinespil". Information, 27. februar 2008

Salmons, Heidi: "Research: Teenage use of mobile devices during the night". HMC, 2016

Stressforeningen: "Test dig selv", www.stressforeningen.dk

Sundhedsdatastyrelsen: "Bidrag til besvarelse af SUU alm. del – spm. 353 af 16. januar 2017", 30. januar 2017

Sørensen, Anette Dina og Knudsen, Susanne V.: Unge, køn og pornografi i Norden – Slutrapport. Nordisk Ministerråd, 2006

TDC Group (red.): "Mobil barndom kræver digital dannelse – for børn og forældre", 1. juni 2017

Thomsen, Signe: "Forældre ser stort på aldersgrænsen og lader deres børn bruge sociale medier". Politiken, 5. feb. 2016

Tronick, Edward m.fl.: "The Infant's Response to Entrapment between Contradictory Messages in Face-to-Face Interaction". Journal of the American Academy of Child Psychiatry 17, 1978

Twenge, Jean M. (2017): "Have Smartphones Destroyed a Generation?" The Atlantic, september 2017

Videnskab.dk (red.): "Choktal: Unge falder for falske nyheder på Facebook", 10. december 2016.

Wansink, Brian m.fl.: "Bottomless bowls: Why visual cues of portion size may influence intake". Obesity Research 13, 2005

YouGov for Sex og Samfund, 2016

参考文献

American Psychiatric Association: Diagnostic and Statistical Manual of Mental Disorders, 5. udg. American Psychiatric Association, 2013

Bavelier, Daphne m.fl.: "Brains on Video Games". Nature Reviews Neuroscience, 2015

Brigid Schulte: "Effects of child abuse and neglect, if untreated, can last a lifetime, study finds". The Washington Post, 2013

Børns Vilkår: "Årstal BørneTelefonen 201You – Fokus: Psykosociale problemer",2017

Cantor, Patricia og Cornish, Mary M.: Techwise Infant and Toddler Teachers: Making Sense of Screen Media for Children Under 3. Information Age Publishing Incorporated, 2016

Council on Communications and Media: "Media and Young Minds", American Academy of Pediatrics, oktober 2016

Danmarks Statistik, 2018

DR Medieforskning: "Medieudviklingen 2016", 2017

Dreyfus, Hubert L.: Livet på nettet. Hans Reitzels Forlag, 2002

Dvorsky, George: "10 Reasons why Oxytocin is the most amazing molecule in the world". Io9, 12. juli 2012

Gentile, Douglas A. m.fl. "Video game playing, attention problems, and impulsiveness; Evidence of bi-directional causality". Psychology of Popular Media Culture, 2012

Harris, Tristan: "How technology is hijacking your mind". Medium, 18. maj 2016

Hill, Amelia: "Children struggle to hold pencils due to too much tech,doctors say". The Guardian, 25. februar 2018

Hiniker, Alexis m.fl.: "Not at the Dinner Table: Parents' and Children's Perspectives on Family Technology Rules". CSCW '16, 2016

Jensen, Heidi Amalie Rosendahl m.fl.: "Danskernes sundhed – Den nationale sundhedsprofil 2017". Sundhedsstyrelsen, 2018

Jenvall, Line: "Så snart forældrene hiver deres telefoner frem, kan børnene føle det som en afvisning". Berlingske, 21. februar 2017

Jespersen, Julie Ellesøe: "Hvad ved vi om børn og unges søvn?". Center for Børneliv, 18. januar 2017

デジタルおしゃぶりを外せない子どもたち

2022年6月14日　初版第1刷発行

著者　ウッラ・デュアルーヴ
イラスト　ナシエ
訳者　枇谷玲子

発行所　合同会社 子ども時代
〒354-0013　埼玉県富士見市水谷東3-45-14-411
URL https://barndombooks.com/
TEL（048）423-6251　FAX（048）423-6251

装丁　俵周作（DEPS.DESIGN）
装画　ナシエ

本文DTP　DEPS.DESIGN合同会社
印刷　シナノ書籍印刷
製本　シナノ書籍印刷

ISBN978-4-9912293-0-5

The translation has been published with the financial support of the Danish Arts Foundation.

Danish Arts Foundation